L'ARMÉE

DE

LA RÉVOLUTION

PARIS. TYPOGRAPHIE DE E. PLON ET Cie, RUE GARANCIÈRE, 8.

L'ARMÉE

DE LA

RÉVOLUTION

SES GÉNÉRAUX ET SES SOLDATS

1789-1871

PAR

A. DE CHAMBORANT DE PÉRISSAT

PARIS

E. PLON ET Cie, IMPRIMEURS-ÉDITEURS

10, RUE GARANCIÈRE

1875

PRÉFACE

L'armée de la Révolution, c'est la GARDE NATIONALE.

Le lecteur voudra bien ne pas détourner la tête et fermer le livre, à l'annonce d'un pareil sujet ; contrairement aux apparences, il garde encore une grande actualité.

A première vue, la question de la Garde nationale est une question jugée ; en réalité, elle est encore pendante avec tous ses périls.

Sur ce point, comme sur tant d'autres, la conduite du parti radical a été pleine d'adresse. Il a dissimulé ses espérances, afin de donner à notre pays si mobile le temps d'oublier.

On oublie en effet.

Les honnêtes gens ne se préoccupent plus de la Garde nationale, parce qu'on l'a supprimée en 1871 et qu'ils la croient morte. Ils ont tort. A moins que les événements ne prennent un cours inespéré, nous avons tout à craindre de l'avenir; la crise que nous traversons peut d'un instant à l'autre faire revivre le danger.

Selon la politique qu'on nous fera, l'armée territoriale, créée par la nouvelle loi militaire, au lieu de devenir une armée véritable, peut n'être plus demain qu'une Garde nationale.

Si cette prévision est fondée, il n'est pas sans opportunité de montrer toute la grandeur du mal qui nous menace, ni sans intérêt de signaler la politique qui doit engendrer ce mal.

Tel est l'objet du présent travail. L'étude qu'il

contient n'a point été choisie arbitrairement. Elle a été inspirée par les événements; elle est appuyée sur des faits observés directement.

L'auteur, après avoir donné sa démission d'officier de cavalerie, a fait partie pendant plusieurs années de l'état-major de la Garde nationale. Il a rempli pendant le siége de Paris des fonctions spéciales d'une certaine importance.

Chargé de seconder, de suppléer au besoin l'homme dévoué qui a conservé jusqu'au 18 mars 1871 la mission laborieuse de faire exécuter tous les ordres donnés par l'état-major à la Garde nationale, il s'est trouvé au centre du service en rapport permanent avec les chefs les plus divers; il a vu l'institution passer devant lui sous tous ses aspects.

Les événements dont il a été témoin lui ont très-vite fait comprendre le danger de la Garde nationale. Comment exprimer l'indignation et le dégoût qu'il a éprouvés en face de cette orgie armée qui a fini par la Commune !

Toutefois, avant de porter un jugement sur une institution presque séculaire, il a cru nécessaire d'en interroger l'histoire.

Cette étude, qui n'est autre que celle des révolutions successives de notre pays depuis 1789, confirme les conclusions déjà fournies par les événements contemporains.

La lumière qui jaillit des faits observés n'éclaire pas seulement une question spéciale, elle sert de guide au milieu des obscurités de la politique. Avec ce secours, on ne constate pas seulement l'action funeste de la Garde nationale à toutes les époques, on en découvre encore les causes.

On comprend que la Garde nationale a toujours été nuisible, parce qu'elle s'est trouvée placée dès son origine entre deux missions inconciliables :

l'une principale, quoique tacite, la mission de résister au pouvoir; l'autre secondaire, quoique seule avouée, la mission de protéger les lois. En résumé, on acquiert la certitude qu'après avoir été un instrument de trouble dans le passé, la Garde nationale en serait encore un dans l'avenir, parce qu'elle repose, comme toutes les idées révolutionnaires, sur une contradiction.

L'histoire de la Garde nationale ne justifie pas seulement le jugement qui vient d'être porté, mais elle fournit aussi une leçon singulièrement opportune en présence des événements dont nous sommes témoins. Au moment où l'on essaye d'organiser une nouvelle république, cette leçon mérite d'être méditée.

L'esprit révolutionnaire, loin de se confondre avec l'esprit de liberté, de réforme et de progrès, n'est en réalité que l'esprit de RÉVOLTE, esprit qui gâte tout ce qu'il touche, les idées aussi bien que les institutions et les hommes.

Cet esprit a gâté l'idée républicaine et l'a toujours rendue funeste à notre nation.

Dans notre pays, en effet, la République n'a jamais eu d'autre base que l'esprit de révolte.

La République a pour conséquence nécessaire de livrer la France à la domination usurpatrice de Paris, et de livrer Paris lui-même à l'ARMÉE DE LA RÉVOLUTION : LA GARDE NATIONALE.

L'ARMÉE

DE

LA RÉVOLUTION

L'ARMÉE
DE LA RÉVOLUTION
SES GÉNÉRAUX ET SES SOLDATS
1789-1871

CHAPITRE PREMIER

Origine de la Garde nationale. — Premier envahissement populaire.

On pourrait trouver l'origine première de la Garde nationale en remontant au sixième siècle.

Dès 595 en effet, un règlement de Clotaire II, confirmé en 803 par Charlemagne, institue dans les villes *le guet* contre les voleurs nocturnes, et cette institution, exclusivement civile, semblable à la Garde nationale moderne, subsiste ainsi jusqu'au douzième siècle.

Dans ce siècle et dans le suivant, à mesure que les communes s'établissent, des milices bourgeoises s'organisent dans les villes et réclament le droit de faire le guet.

Alors, de même que dans les premiers temps les seigneurs avaient usé du droit de guet pour se protéger contre les tentatives de leurs vassaux, de même les communes en usèrent pour se protéger contre leurs puissants voisins, et dans ce but, elles s'allièrent avec la royauté.

Comme on le sait, les rois se servirent de cette alliance contre la Féodalité; et nous trouvons en 1108, une ordonnance de Louis le Gros qui impose aux gardes ou milices bourgeoises l'obligation de partir en guerre à la première réquisition. Ces milices devaient s'armer et s'équiper à leurs frais; en revanche, elles avaient le droit de choisir leurs chefs.

Le guet fut établi à Paris en 1363, par une ordonnance du roi Jean. A cet effet, des compagnies bourgeoises furent créées, composées chacune des hommes d'un même métier et devant alterner entre elles pour le service de la ville. De là, le nom qui leur a été donné de guet des *métiers* ou des *bourgeois*.

On les appela encore *guet assis* ou *guet dormant*, parce que, chargées du même service que la Garde nationale moderne, c'est-à-dire d'occuper des postes et de faire des patrouilles, elles passaient les nuits dans des corps de garde, où le sommeil et l'indifférence leur faisaient oublier souvent le soin de la sécurité publique.

Jusqu'au temps de saint Louis, le *guet des bourgeois* fut seul chargé de la sûreté de Paris.

A cette époque, on établit un *guet royal,* formé de compagnies régulières organisées militairement, et depuis lors, pendant assez longtemps les deux guets furent de service conjointement.

Mais peu à peu, la négligence du guet civil devint telle, qu'en 1559 Henri II décréta que le guet royal seul serait chargé désormais de veiller à la sécurité de Paris.

Ce guet royal, composé d'abord de 240 archers, élevé sous Louis XIV à un millier d'hommes dont 170 de cavalerie, réduit ensuite sous Louis XVI à 180 hommes, par suite de la formation d'une garde de Paris de 1,252 hommes, subsista jusqu'à la Révolution.

Les milices bourgeoises ne restèrent pas un corps uniquement communal : elles devinrent à certaines époques de véritables troupes auxiliaires de l'armée.

Louis le Gros leur avait imposé le service militaire, Louis XIV le leur imposa également. Une ordonnance de 1688 décréta la levée, pour deux ans, de 25,000 miliciens, qui durent être fournis, armés et équipés par toutes les communes. Plusieurs ordonnances semblables parurent sous le même règne.

Temporaires sous Louis XIV, ces levées devinrent permanentes sous Louis XV, à partir de 1726. Seulement, les contingents furent variables selon les nécessités de la guerre, et atteignirent même parfois un effectif considérable : celui de 1762 fut de 91,000 hommes.

Cet ordre de choses dura jusqu'en 1789. Dans les premiers jours du mois de juillet de cette année, préoccupée des concentrations de troupes faites près de la capitale par le maréchal de Broglie, la municipalité parisienne pressa très-activement la réorganisation des milices de la ville. Cette réorganisation, d'où allait sortir la Garde nationale, reçut la sanction de l'Assemblée, par décret du 13 juillet.

Le lendemain 14, ces milices prenaient *la Bastille*, en compagnie des gardes françaises, un des premiers régiments qui aient mis la crosse en l'air et tourné du côté du peuple.

A la suite de cette victoire populaire, tachée du sang de Delaunay et de Flesselles, la plus grande excitation régna dans Paris : l'Assemblée nationale qui siégeait encore à Versailles, jugea convenable d'y envoyer une députation.

En conséquence, Bailly, La Fayette et les autres membres de la députation, se dirigèrent vers la capitale : ils la trouvèrent couverte de barricades et agitée par cent mille individus qui circulaient dans les rues, armés de piques et de fusils. Après mille obstacles, ils arrivèrent enfin à l'Hôtel de ville, où leur présence excita un grand enthousiasme. Bailly fut proclamé maire de Paris, et La Fayette commandant général de la milice parisienne.

Cette milice reçut aussitôt de son chef le nom de *Garde nationale,* nom qui se répandit bientôt dans la France entière et sous lequel nous allons l'étudier.

Mais avant tout, il importe de constater, 1° que la Garde nationale proprement dite est née d'une pensée de résistance au *pouvoir légal;* 2° qu'elle a inauguré son existence par un *attentat contre la loi,* en participant d'une manière violente au premier *envahissement populaire* de la Révolution.

Nous verrons bientôt qu'elle n'est restée que trop fidèle à cette origine.

Avant d'exposer les faits qui nous serviront à juger cette institution, nous devons rappeler la définition qui en a été faite, et le but qui, de tout temps, lui a été assigné par *les lois.*

CHAPITRE II

Définition de la Garde nationale. — Son but légal.

En ouvrant, au titre GARDE NATIONALE, un des ouvrages de jurisprudence le plus justement renommés, on trouve la définition suivante :

« On appelle Garde nationale, en France, cette » portion de la force publique qui n'est composée » que de citoyens armés momentanément *pour » assurer le maintien du bon ordre, l'exécution des » lois* et l'obéissance aux actes des autorités con» stituées [1] ».

On peut ajouter : Lorsque la patrie est en danger, la Garde nationale participe à la défense du territoire et sert de dernière réserve aux armées régulières du pays.

De la sorte, la définition sera complète, le but

[1] MERLIN, *Répertoire universel et raisonné de jurisprudence*, cinquième édition, tome VII, page 232.

clairement indiqué, et cela, conformément aux textes des lois principales qui ont régi la Garde nationale, et qui sont les lois ou décrets du 29 septembre 1791, du 22 mars 1831, du 13 juin 1851 et du 11 janvier 1852.

Voici de courtes citations empruntées à la section III de la loi de 1791, qui traite des *Fonctions des citoyens servant en qualité de Gardes nationales.*

La loi dit d'abord :

« Les fonctions des citoyens servant en qualité » de Gardes nationales sont, de *rétablir l'ordre* » et de *maintenir l'obéissance aux lois,* conformé» ment aux décrets[1]. »

Plus loin elle ajoute :

« Toute délibération prise par les Gardes na» tionales sur *les affaires de l'État,* du départe» ment, du district, de la commune, *même de la* » *Garde nationale,* à l'exception des affaires ex» pressément renvoyées au Conseil de discipline » qui sera établi ci-après, est *une atteinte à la li*» *berté publique* et un *délit contre la Constitution,* » dont la responsabilité sera encourue par ceux

[1] Loi du 29 septembre 1791, section III, article 1.

» qui auront provoqué l'assemblée et par ceux qui » l'auront présidée [1]. »

« Les citoyens *ne pourront ni prendre les armes,* » *ni se rassembler en état de Gardes nationales,* sans » l'ordre des chefs médiats et immédiats, ni ceux- » ci l'ordonner sans une réquisition légale, dont » il sera donné communication aux citoyens à la » tête de la troupe [2]. »

Enfin, à propos du service militaire possible, la loi s'exprime ainsi :

« En cas d'invasion du territoire français par » une troupe étrangère, le roi pourra, par l'in- » termédiaire des procureurs généraux syndics, » faire parvenir ses ordres relativement au nombre » de Gardes nationales qu'il jugera nécessaire [3]. »

Les lois faites depuis ont apporté bien des modifications à l'organisation et au recrutement de la Garde nationale ; mais à toutes les époques régulières, les législateurs en ont indiqué dans les mêmes termes le but et les obligations.

Pour savoir maintenant comment la Garde nationale a compris son devoir aux différentes épo-

1 Loi du 29 septembre 1791, section III, article 4.
2 — — — article 5.
3 — — — article 12.

ques, nous allons interroger consciencieusement l'histoire.

Nous allons lui demander simplement si les citoyens armés ont plus contribué à maintenir l'ordre qu'à le troubler, plus concouru à défendre les lois qu'à les violer, plus participé enfin à faire respecter les autorités constituées et les gouvernements établis, qu'à les renverser.

Si nous constatons d'une manière certaine, incontestable, que par son organisation, sa composition et sa nature, la Garde nationale subit toujours l'influence néfaste des éléments mauvais qu'elle contient : éléments qui l'entraînent hors de sa voie légale, paralysent les bonnes intentions et embarrassent même la défense, nous aurons démontré le danger de cette institution.

CHAPITRE III

La Garde nationale sous la Constituante. — Bailly maire de Paris, et La Fayette commandant général. — Journées des 5 et 6 octobre.

La Fayette, nommé le 15 juillet au commandement des milices parisiennes, les avait trouvées en voie de réorganisation. Bien des choses restaient encore à faire : il y consacra tout son temps.

Un de ses premiers actes fut d'ajouter la couleur de la cocarde blanche aux couleurs bleue et rouge adoptées antérieurement par la milice : c'est ainsi que fut formé le drapeau tricolore ; c'est ainsi que fut posée pour la première fois devant la France cette question du drapeau, qui, au milieu des événements révolutionnaires de notre siècle, est devenue l'une des plus grosses questions de la politique contemporaine.

Comme nous le savons déjà, comme nous le constaterons une fois de plus en parcourant l'histoire de la Garde nationale, la *Révolution* n'a rien fait d'utile pour le peuple; à force de crimes, d'utopies et de bouleversements, elle a même prouvé qu'elle était le *génie du mal!*

Mais, à côté du mal, malgré le mal, il s'est produit dans l'état du peuple, à la faveur du mouvement de 1789, des changements qui ont constitué une amélioration véritable.

Il y a eu progrès en même temps que secousse et désastres; et cette coïncidence, habilement exploitée par les révolutionnaires, a fait naître dans un grand nombre d'esprits le doute et la confusion. Pour la masse des Français, ce progrès n'est pas la conséquence naturelle de l'esprit de réforme généreux et irrésistible de la fin du dernier siècle, mais le résultat d'une véritable conquête dont le drapeau tricolore est le symbole et la garantie.

Voilà pourquoi, sans parler des autres raisons, notre nation, si légère, si indifférente et si mobile pour tout le reste, est demeurée toujours si passionnément persistante dans son culte pour le drapeau tricolore!

Voilà pourquoi, la question du drapeau, après avoir servi en 1830, d'arme si puissante contre la Restauration, a pris de nos jours une telle importance qu'elle semble résumer en elle toutes les difficultés de notre situation.

Néanmoins, ce n'est pas pour traiter historiquement ce point que nous nous y arrêtons ; ce n'est pas pour faire un parallèle entre le drapeau blanc et le drapeau tricolore ; ce n'est même pas pour rechercher si la France d'autrefois avait un drapeau unique et par conséquent *national*, dans le sens actuel du mot; c'est seulement pour bien nous rendre compte du sentiment que nous suggère le patriotisme, en face du fait acquis et au milieu des controverses qui se croisent si obstinément.

Le drapeau tricolore a été le drapeau de la Garde nationale de Paris avant d'être celui de la France. Cette origine ne suffirait certainement pas pour expliquer l'attachement qu'il inspire à tant de braves gens dans notre pays. Elle justifierait plutôt les reproches de ceux qui l'accusent d'être le drapeau de la Révolution, et d'avoir présidé aux premières insurrections du peuple contre le droit.

Mais ce drapeau n'a pas seulement flotté sur les champs de bataille de l'émeute parisienne, il a flotté sur nos frontières pour les défendre, puis à travers l'Europe pour la conquérir.

Dès lors, il est devenu le symbole d'une gloire incontestable, gloire mêlée de trop de tristesses et de trop de sang, gloire qui ne nous a rien donné de durable, mais qui nous a valu le premier rang parmi les nations militaires du globe ; il est devenu ce qu'il est aujourd'hui, le drapeau national!

A ce titre, nous lui devons notre respect et notre dévouement.

Nous oublierons son origine et les erreurs qu'il a ombragées.

Nous nous souviendrons seulement de la patrie qu'il représente!

Nous nous souviendrons qu'après avoir vaincu la Révolution à Paris, au mois de juin 1848, et à Rome en défendant l'Église, il l'a vaincue encore au mois de mai 1871 dans une lutte à jamais mémorable contre la Commune!

Nous nous souviendrons qu'il est le drapeau sacré de cette armée française, qui a été plusieurs fois notre suprême ressource, et qui demeure notre suprême espérance!

Nous nous souviendrons enfin que c'est lui qui représente la France vaincue dans les trophées de l'étranger ; que c'est lui, par conséquent, dont nos fils auront un jour à venger l'affront!

Le nouveau drapeau, adopté le 16 juillet par la Garde nationale, fut solennellement accepté le 17 par le roi Louis XVI, à l'Hôtel de ville.

L'enthousiasme des Parisiens fut immense; les cris de « Vive le roi! » retentirent partout aux oreilles de l'infortuné monarque. La Fayette put croire un instant au succès de son entreprise de conciliation révolutionnaire; cet instant fut de courte durée. Malgré son prestige et sa popularité, il se brisa bientôt à des obstacles insurmontables.

Il n'y avait pas deux mois que la Garde nationale existait, son organisation n'était pas encore achevée, que ses bataillons étaient déjà travaillés par les agitateurs et qu'elle devenait le point de mire des factieux!

Afin d'avoir des armes et des uniformes légaux, les partis extrêmes envoyèrent des meneurs parcourir les sections; ces hommes, à force d'excitations et de promesses, entraînèrent à leur suite bon nombre de gardes nationaux.

Qu'en résulta-t-il? C'est que, dans la première circonstance grave, les 5 et 6 octobre, ce ne fut pas la garde nationale qui obéit à La Fayette, mais La Fayette qui fut contraint de céder à la Garde nationale! Triste prélude du rôle auquel l'autorité et la loi devaient être réduites dans cette institution !

La Fayette devait, avec ses bataillons, empêcher le peuple d'aller à Versailles; non-seulement le peuple y alla, mais la garde nationale voulut suivre le peuple, et La Fayette fut obligé de la conduire.

Voici les faits :

Le 4 octobre, des meneurs exploitant la disette qui se faisait sentir et les projets contre-révolutionnaires que l'on prêtait à la Cour, excitent de toute part la population parisienne. L'effervescence règne dans la capitale et revêt bientôt tous les caractères d'une émeute.

Des meurtres sont commis, des maisons pillées. Plusieurs milliers de femmes se précipitent à l'Hôtel de ville, demandant *du pain et la liberté.* Enfin des bandes armées parcourent les rues en criant : *A Versailles!* Ce mot est dans toutes les bouches, Paris entier semble vouloir marcher sur la ville où siégeaient le roi et l'Assemblée.

La Garde nationale, entraînée à ce moment, comme elle le sera toujours, par le courant populaire, va trouver son général et lui demande à grands cris de la mener à Versailles.

La Fayette comprend que rien ne serait plus illégal que de sanctionner par sa présence un mouvement qu'il est de son devoir d'arrêter; il oppose la plus grande résistance aux sollicitations de ses hommes, et fait tous ses efforts pour les dissuader. Mais, il s'aperçoit bien vite que toute résistance sera inutile, et il se résigne à aller à Versailles, dans l'espoir d'empêcher les désordres qui pourraient s'y produire.

Cependant, voulant mettre à couvert sa responsabilité, le général vient exposer au maire de Paris, Bailly, l'état d'esprit dans lequel se trouvent ses bataillons, et demande les ordres de la Commune.

La Commune se réunit immédiatement, lève tous les scrupules de La Fayette et lui donne même l'ordre de partir, dans le singulier arrêté suivant, qui se recommande d'une manière toute spéciale à nos méditations :

« *Vu les circonstances et le désir du peuple,* et sur » la représentation de M. le commandant général » *qu'il est impossible de s'y refuser,* l'Assemblée » autorise M. le commandant général, et même lui » ordonne de se transporter à Versailles. »

Muni de cet ordre, La Fayette se met à la tête

de la Garde nationale et se rend à Versailles par Viroflay. Là, il arrête ses troupes et leur fait jurer d'être fidèles à la nation, *au roi et à la loi!* Étrange serment dans la bouche d'hommes qui venaient de montrer qu'ils ne reconnaissaient d'autre loi que leur propre volonté!

En arrivant à Versailles, le commandant général court assurer le roi de la pureté de ses intentions et de la sincérité de son dévouement; il revient ensuite donner des ordres à ses bataillons.

Il établit des sentinelles, organise des patrouilles, en un mot, il indique à chacun ce qu'il doit faire; puis, croyant avoir pris toutes les précautions nécessaires pour protéger le roi, la reine et ceux qui les entourent, il va prendre un peu de repos à cinq heures du matin.

Mais la tranquillité ne dure pas longtemps. Dès que La Fayette n'est plus présent, ses ordres sont mal exécutés. Soit connivence de quelques miliciens, soit manque de précautions, le palais est envahi par des bandits, et Marie-Antoinette elle-même court grand risque de tomber entre leurs mains.

Ne pouvant trouver la reine, ces forcenés

font retomber leur fureur sur les gardes du corps; ils les poursuivent et assassinent deux d'entre eux.

Un brigand fameux, Jourdan, dit Coupe-Tête, sépare leurs têtes de leurs corps, les place au bout de piques, et promenant ce hideux trophée à la tête d'une foule avide de sang, il court à la recherche de nouvelles victimes.

La Fayette, réveillé aussitôt, arrive au moment où vingt-cinq gardes du corps, entraînés vers la place d'Armes par ces misérables, allaient être encore sacrifiés à la fureur du peuple.

A la pensée de ce crime, il est indigné; s'adressant à une compagnie de miliciens qu'il avait avec lui : « Grenadiers, leur dit-il, j'ai donné » ma parole au roi qu'il ne serait rien fait à ses » gardes du corps. Si vous me faites manquer à » ma parole d'honneur, je ne suis plus digne d'être » votre général et je vous abandonne. »

Ces hommes, excités par la voix d'un chef encore populaire, retrouvent leur droiture; ils se précipitent avec la plus grande vigueur sur les assassins, les désarment et sauvent les gardes du corps.

Les gardes du corps sont délivrés, mais la

royauté reste prisonnière : elle est ramenée triomphalement dans Paris par une foule en délire.

Tels sont les faits principaux de ce deuxième *envahissement populaire !*

Le 14 juillet, le peuple avait envahi la prison d'État de la Bastille et l'avait détruite. Le 6 octobre, il envahit les palais de la royauté ; la vie de la reine est en danger, le sang coule, le pouvoir légal reçoit un assaut redoutable, et, pour rendre sa chute certaine, la Révolution l'oblige à s'établir dans la capitale.

Dans ce jour, la Garde nationale s'est montrée telle qu'elle a toujours été depuis, c'est-à-dire disposée à profiter de sa force pour violer les lois contraires à ses passions, susceptible pourtant d'être ramenée parfois dans la voie de l'humanité, pour réprimer les excès qu'elle n'avait su ni prévoir ni éviter.

On a reproché à La Fayette d'avoir été la cause des désordres des 5 et 6 octobre, non-seulement en n'empêchant pas la garde nationale d'aller à Versailles, mais en l'y conduisant. Ce reproche semble exagéré. Il suffit de connaître la Garde nationale pour savoir le peu d'influence qu'exerce sur elle le chef le plus élevé comme le plus humble, lorsqu'il s'agit de remonter un courant d'opinion; il est donc très-naturel que La Fayette n'ait pu convaincre ses bataillons. Dès l'instant où la Garde nationale allait à Versailles, la présence de son chef ne pouvait être que salutaire; sans lui, en effet, les gardes du corps eussent été massacrés en masse, et bien d'autres malheurs consommés.

Assez d'erreurs et de fautes pèsent sur sa mémoire sans en augmenter encore le nombre. La Fayette a fait ce qu'on sera toujours forcé de faire lorsqu'on voudra rester à la tête d'une troupe indisciplinée, dont l'indiscipline ne trouvera dans les lois qu'une répression insuffisante ou illusoire.

CHAPITRE IV

Fête de la Fédération. — Émeute du Champ de Mars. — Démission de La Fayette.

L'attitude du commandant général pendant les journées d'octobre ne lui attira pas seulement la haine des exaltés du parti royal, elle lui valut aussi les rancunes et les attaques du parti démagogique.

A partir de cette époque, sa popularité commença à décroître, il fut accusé même des choses les plus injustes, comme de conspirer en faveur du duc d'Orléans.

Pourtant, La Fayette devait encore avoir un beau jour d'illusion, un jour qui a été peut-être le plus brillant de sa vie.

Ce fut le 14 juillet 1790, anniversaire de la prise de la Bastille et jour de la grande fête de la Fédération.

A l'heure convenue, la Cour, les autorités et le peuple se rendirent au Champ de Mars, préparé pour la circonstance. Le roi et la famille royale prirent place sur un trône magnifique, les magistrats, les députations, les gardes nationales se rangèrent dans l'ordre indiqué, et la cérémonie commença.

L'office divin fut d'abord célébré par l'évêque d'Autun, sur un autel immense, entouré de trois cents prêtres, vêtus d'aubes éblouissantes coupées transversalement par des étoles tricolores; puis, le *Te Deum* fut chanté au milieu des détonations de quarante pièces d'artillerie!

A ce moment, La Fayette, proclamé major général de la Fédération, gravit les marches de l'autel et prononça le premier, au nom de tous les fédérés, le serment solennel de fidélité *à la nation, à la loi et au roi!*

A peine eut-il achevé, qu'un même cri sortit de la poitrine des quatre cent mille spectateurs de cette scène grandiose et lui répondit : « JE LE JURE ! » Le président de l'Assemblée nationale répéta la même formule et tous les députés lui répondirent à leur tour : « *Je le jure!* » Le roi enfin prêta serment à la Constitution, et les fédérés défilèrent devant lui en criant : « *Vive la Constitution! Vive le Roi! Vive La Fayette!* »

Cette fête, par sa grandeur et sa poésie, était bien de nature à frapper l'imagination d'un peuple comme le nôtre; elle eut partout un immense retentissement.

La France avait juré de rester *monarchique et libérale.* Plût à Dieu qu'elle eût tenu son serment! Au lieu de chercher le progrès dans la Révolution, où elle ne le trouvera jamais, elle l'aurait cherché où il était réellement, dans les réformes réclamées par l'expérience et compatibles avec nos traditions nationales; elle serait encore aujourd'hui la reine des nations!

Quoi qu'il en soit, malgré son inutilité, la fête de la Fédération est restée un grand souvenir, et pendant longtemps le nom de la Garde nationale, associé à celui de La Fayette, n'a rappelé au pays que des idées de patriotisme et de liberté.

La Garde nationale se sépara bientôt, de plus en plus, du chef qu'elle venait d'acclamer; travaillée sans relâche par les plus mauvaises doctrines, elle finit par subir leur influence, et à l'instigation des clubs et des feuilles démagogiques qui attaquaient sans cesse La Fayette, des marques nombreuses d'insubordination se manifestèrent dans son sein, pendant les derniers mois de 1790 et les premiers de 1791.

Le maire de Paris et le commandant général firent les plus grands efforts pour maintenir la discipline ; ils ne purent y arriver, et furent bientôt en mesure de constater leur impuissance.

Le 18 avril, en effet, le roi ayant voulu partir pour Saint-Cloud, des gardes nationaux se mêlèrent au peuple pour entourer les voitures et rendre le départ impossible. Le commandant général essaya de dissiper la foule, mais les gardes nationaux refusèrent de lui obéir, et par un mouvement bien connu de notre temps et trop souvent répété depuis, hélas ! mirent la crosse en l'air, pour prouver leur accord avec le peuple. Le roi ne partit pas.

Quant à La Fayette, qui cherchait alors à sauver la monarchie et qui comptait sur son influence pour atteindre ce résultat, il comprit qu'il ne pouvait plus rien sur cette armée populaire dont il avait été l'idole, et, sous le coup d'une profonde tristesse, il donna sa démission le 21 avril.

Cette nouvelle émut vivement les gardes nationaux honnêtes, plusieurs compagnies se portèrent à son hôtel pour acclamer le général.

Bailly lui-même, accompagné d'une députation de la Commune, vint le supplier de reprendre ses fonctions ; il y consentit enfin, mais à la condition expresse que chaque garde national ajouterait à son serment de fidélité à la nation, à la loi et au roi, celui *d'obéissance absolue* aux ordres du général en chef.

Quelle naïveté d'attendre quelque chose d'une pareille exigence! Elle n'eut qu'un seul résultat, celui de rendre plus profonde la scission entre les deux portions de la Garde nationale. Dix mille hommes seulement prêtèrent le serment demandé, tandis que cinquante mille refusèrent de se soumettre à cette condition. Quelques meneurs, entre autres Dubois de Crancé, grenadier dans le bataillon des Blancs-Manteaux, dénoncèrent même au peuple la *tyrannie* de La Fayette!

Il fallut alors licencier plusieurs compagnies et commencer à désorganiser cette institution, sur laquelle on avait eu l'imprudence de faire reposer l'ordre public.

Mais La Fayette eut beau faire, il rencontra chaque jour de nouvelles difficultés ; la gravité des événements vint encore compliquer sa situation.

Après la fuite de Varennes, d'un côté les Jacobins l'accusèrent avec la dernière violence d'avoir favorisé les projets d'évasion du roi, de l'autre, la cour lui voua une haine profonde pour l'activité qu'il avait mise à préparer l'arrestation de l'auguste fugitif (22 juin 1791).

En le voyant ainsi débordé de tous côtés par l'opinion publique, il était facile de prévoir que la première circonstance difficile serait le signal de sa retraite définitive.

Cette circonstance ne tarda pas à se produire.

Au retour de Varennes, l'Assemblée n'ayant pas déclaré le roi déchu du trône, les clubs les plus avancés organisèrent des manifestations pour demander la déchéance. Rendez-vous fut pris pour le 17 juillet au Champ de Mars, où l'on devait signer, sur l'autel de la patrie, une pétition à l'Assemblée.

Le peuple vint en assez grand nombre au lieu indiqué, des perturbateurs crièrent à la *trahison,* et, au milieu des plus graves désordres, deux hommes furent poignardés.

Bailly, maire de Paris, et La Fayette, commandant général, comprenant que leur devoir était de réprimer l'émeute, quittèrent l'Hôtel de ville et se rendirent au Champ de Mars à la tête de bataillons fidèles. Là, en face du rassemblement hostile, ils firent déployer le drapeau rouge et proclamer la loi martiale; mais la foule ayant répondu par une grêle de pierres et plusieurs coups de feu, la milice riposta par une décharge qui tua vingt hommes.

L'ordre fut rétabli, mais l'exaspération des clubs fut à son comble, et les attaques contre La Fayette ne connurent plus de bornes.

Cependant le commandant général de la Garde nationale avait fait son devoir. Il avait fait exécuter la loi et rien de plus.

C'est qu'au-dessus de la loi, le peuple des révolutions place quelque chose, *lui-même.* Excité par des théories imprudentes, il trouve sublimes ceux qui résistent à l'autorité, tandis qu'à ses yeux, ceux qui mettent la force au service de la loi ne sont que des sanguinaires.

Ce sentiment, sans doute, n'est pas celui de la majorité; la plupart du temps, les minorités perverties, bruyantes et audacieuses entraînent ou paralysent les majorités. Dans cette occasion, il en fut ainsi.

Les hommes d'ordre approuvaient certainement la conduite de La Fayette, puisqu'ils lui avaient prêté leur concours; mais, leur appui fut si faible, leur indifférence si grande que, voyant son autorité systématiquement méconnue et ne trouvant plus la position tenable, il donna définitivement sa démission, le 8 octobre 1791.

A partir de ce jour, la vie de La Fayette n'appartient plus aussi directement à notre sujet. Nous ne le suivrons donc ni à la tête des armées républicaines, ni dans ses efforts tardifs pour sauver la vieille monarchie, ni dans son exil.

Seulement, nous le retrouverons trente-neuf ans plus tard, reprenant le commandement de la Garde nationale de Paris et fabriquant aux bourgeois de la capitale une royauté à leur image.

CHAPITRE V

La Garde nationale sous l'Assemblée législative. — Pétion, maire de Paris. — Le brasseur Santerre, commandant général. — 20 juin. — 10 août.

La Fayette n'avait pas pu rester à la tête de la Garde nationale, Bailly ne put pas rester non plus à la tête de la municipalité parisienne; il donna sa démission. Les sections furent convoquées le 16 novembre 1791, pour lui choisir un remplaçant.

En cette circonstance, apparaît déjà la mollesse des honnêtes gens, des bourgeois, des boutiquiers. Comme de nos jours, ils se désintéressèrent de la politique, et la ville de Paris tout entière ne fournit que 10,600 votants.

Pétion ayant obtenu 6,708 voix, fut proclamé maire.

Il n'entre pas dans le cadre de ce travail de faire le portrait de cet homme; il suffira de dire qu'il était partisan de la République, et qu'il devait travailler de toutes ses forces à son établissement.

Après la démission de La Fayette, le commandement général de la Garde nationale avait été supprimé, et l'on avait décidé que les colonels, chefs de légion, en exerceraient les fonctions à tour de rôle.

Cette combinaison, qui enlevait tout prestige à l'autorité, en faisant du chef d'aujourd'hui le subordonné de demain, avait, aux yeux du nouveau maire de Paris, l'avantage de faciliter ses projets.

En effet, n'ayant plus à redouter l'influence d'un commandant général fixe, Pétion profita de son titre de maire de Paris, pour gouverner la Garde nationale, et, dans ses mains comme dans celles des tristes héros qui lui ont succédé, elle devint un véritable instrument politique, instrument des partis extrêmes contre la royauté d'abord, puis contre les modérés de la Convention.

C'est ainsi qu'au 20 juin la Garde nationale favorisa d'abord l'invasion des Tuileries, parce que cette démonstration paraissait utile aux républicains, mais chercha ensuite à modérer le peuple et à protéger la vie du roi, parce que trop de violence pouvait être nuisible.

Quelques historiens ont nié la complicité de

Pétion dans ce mouvement. Il est pourtant certain qu'il désirait ardemment la chute de la Royauté, et qu'il considérait toute atteinte à son prestige, comme un premier pas vers la déchéance. Ce qui est non moins sûr, c'est que le 19 juin, les sections demandèrent à la Commune l'autorisation de se réunir en armes, pour porter une adresse à l'Assemblée, et, que cette permission leur ayant été refusée, Pétion prit, en qualité de chef civil de la Garde nationale, une mesure qui fit néanmoins réussir le mouvement.

Il donna l'ordre aux commandants des bataillons de recevoir dans leurs rangs tous les hommes armés, quel que fût leur costume. Cette combinaison eut le double résultat d'assurer le succès de la manifestation, et de donner à la Garde nationale le moyen de tout surveiller.

Le lendemain, en effet, les Tuileries furent envahies. Louis XVI fut outragé pendant plusieurs heures et coiffé du bonnet rouge. Mais, comme la vie du roi avait été sauve et qu'au dernier moment les gardes nationaux l'avaient protégée, Pétion protesta de son zèle à rétablir l'ordre et des excellents sentiments de la Garde nationale!

Tel fut donc ce *troisième envahissement populaire*, tel fut le succès de cette nouvelle tentative, contre la Royauté livrée à la merci de la Révolution dans la capitale. Constatons et passons, car l'histoire de ces temps lugubres n'est que trop connue. D'ailleurs, nous n'avons pas à la parcourir tout entière; nous la traversons seulement en compagnie de la Garde nationale, triste compagnie en ces jours de deuil, et qui nous mènera bientôt aux portes des prisons sanglantes, jusqu'au pied d'un royal échafaud.

Le maire de Paris, la Commune et une partie de l'Assemblée étaient d'accord avec les clubs et la populace pour détruire la Royauté. Dans ce but on lui avait livré, le 20 juin, un premier assaut. Le second ne se fit pas longtemps attendre.

Le renversement du ministère girondin, à la tête duquel se trouvait Roland, les sympathies montrées par le roi aux prêtres non assermentés, le manifeste de Brunswick enfin, avaient mis le comble à l'irritation publique. L'occasion parut favorable et le 10 août fut organisé.

Pétion se mit encore à la tête de ce mouvement, il voulut le régulariser.

Il avait essayé de donner une apparence d'ordre

au 20 juin, grâce au concours de la Garde nationale; il voulait maintenant trouver le moyen légal de renverser la Royauté.

Dans cet espoir, il se rendit à l'Assemblée le 3 août, accompagné d'une députation de la Commune, il prononça un long discours pour dénoncer les crimes du roi. Ce discours fut suivi d'une grande agitation; il ne fut cependant sanctionné par aucun vote. Les sections très-surexcitées montrèrent un vif mécontentement; elles se préparèrent à agir. Dans la nuit du 9 au 10, le mouvement éclata.

La Cour, avertie, avait pris des mesures sérieuses pour se défendre. Le colonel Mandat, chef de la Garde nationale à ce moment, était très-dévoué au roi; il envoya des bataillons fidèles pour protéger les Tuileries où se trouvaient déjà huit cents Suisses. La victoire du parti royal était possible.

Mais s'il est permis de prévoir les insurrections, on ne peut pas toujours prévoir les ruses qu'elles emploieront. Le 9, à onze heures du soir, Danton et Camille Desmoulins s'étaient emparés de l'Hôtel de ville et y avaient installé une nouvelle municipalité. Celle-ci, prévoyant le rôle important que Mandat devait jouer dans la journée, fit demander le colonel à deux heures du matin. Il eut l'imprudence de se rendre à cette convocation et fut assassiné. On nomma sur-le-champ, commandant général, le brasseur Santerre, qui avait acquis une certaine notoriété parmi les démagogues, en participant d'une manière très-active à l'insurrection du Champ de Mars, le 17 juillet 1791, et à la journée du 20 juin.

Aussitôt Santerre donna le signal aux faubourgs : il fit descendre sur les Tuileries cette triste populace avec laquelle la Garde nationale se confondit tous les jours davantage.

L'assassinat de Mandat avait certainement facilité l'œuvre de l'émeute. Il restait cependant encore au roi le moyen de se défendre; il avait près de lui les Suisses et un certain nombre de citoyens pleins d'enthousiasme et de dévouement.

Une première attaque fut repoussée par les défenseurs du château, qui balayèrent la place du Carrousel. Ils se préparaient à en repousser une seconde, lorsque la répugnance du roi à prendre un parti violent vint changer la face des choses. Ordre fut donné de ne plus tirer.

Profitant du trouble et de l'indécision causés

par cet ordre, les bataillons les moins dévoués tournèrent du côté du peuple, et Louis XVI, en face de l'imminence du danger, se retira au sein de l'Assemblée.

En se voyant réduits à l'impuissance par la faiblesse du roi et par l'abandon de leurs camarades, les gardes nationaux fidèles qui s'étaient juré de défendre le château jusqu'à la mort, furent dans un violent désespoir. Le palais fut envahi, et la Royauté définitivement vaincue dans *ce quatrième envahissement populaire.*

Ainsi, au jour néfaste où s'écroule la plus auguste monarchie du monde, ce ne sont pas les honnêtes gens qui manquent à l'ordre, ni les généreux défenseurs à la loi; mais, noyés dans une institution qui met la force au service des passions du peuple et déconcerte le pouvoir, ces hommes, malgré leur nombre, leur dévouement, leur intrépidité, voient leur action paralysée par l'influence du milieu dans lequel ils se trouvent.

La même impuissance se manifeste lors de l'atroce et sanglant épisode de septembre. Dans cette lugubre circonstance, non-seulement Danton, Tallien, Robespierre, Marat, Billaut-Varenne et autres scélérats organisent les massacres de prêtres et de suspects, dans le but de terroriser le pays et de l'exciter contre l'étranger; mais les massacres ont lieu librement les 2 et 3 septembre; ils durent assez de temps pour faire au moins quinze cents victimes, sans qu'aucune force suffisante se présente pour faire respecter la *loi :* non pas une de ces lois politiques qui peuvent être diversement appréciées, mais la loi primordiale inscrite dans le cœur des honnêtes gens avant de l'être dans le code des nations, et qui s'appelle la *loi d'humanité!*

C'est qu'une municipalité insurrectionnelle siége à l'Hôtel de ville, depuis le 10 août, et qu'un Santerre est commandant général!

C'est que le peuple, excité de toute part, commence à céder à ses plus mauvais instincts!

C'est enfin que la Garde nationale est une institution destinée fatalement à subir le contrecoup des émotions populaires!

A toutes les époques, elle a compté des hommes isolés, des fractions même, capables de tous les dévouements et dignes de tous les éloges; mais, dans sa généralité, elle n'a jamais défendu les lois, que lorsque les lois ont été absolument conformes à ses propres impressions.

CHAPITRE VI

La Garde nationale sous la Convention. — Santerre, commandant général. — Exécution de Louis XVI, conséquence des quatre premiers envahissements populaires.

Nous venons de quitter des prisons sinistres et les cadavres de 1,500 victimes. Où va nous conduire maintenant la Garde nationale ?

C'est encore dans une prison, au Temple ; seulement, le prisonnier est un roi, ou plutôt, la Royauté elle-même dont on prépare la condamnation et la mort.

Après les insurrections et les massacres, nous voilà en face d'un crime, qui est l'acte le plus révolutionnaire de la Révolution; la Garde nationale entoure l'échafaud ; hélas! il faut nous arrêter.

Le 10 août, Louis XVI menacé par le peuple, s'était réfugié au sein de l'Assemblée. Aussitôt l'Assemblée suspendit le pouvoir du roi et fit transférer au Temple la famille royale, sous la conduite du commandant général Santerre. Elle décréta, ensuite la réunion d'une Convention nationale, qui devait choisir le gouvernement de la France et décider du sort du roi.

Cette Convention se réunit le 21 septembre 1792, proclama la république, décréta Louis XVI d'accusation et décida qu'il comparaîtrait à sa barre pour y être jugé. Le roi choisit pour avocats, Malesherbes, Tronchet et de Sèze. Ces hommes, courtisans du malheur, acceptèrent avec dévouement ce rôle difficile. L'histoire place leurs noms plus haut que les noms des plus heureux favoris.

Les phases de ce douloureux procès sont présentes à la mémoire de tous; notre sujet, cependant, nous impose de les résumer.

Le funèbre débat s'ouvre le 11 octobre, devant la Convention; Louis XVI est appelé à la barre.

Le maire de Paris, Chambon, va le chercher; le commandant général Santerre l'escorte; il prend les plus grandes précautions pour que son prisonnier ne lui échappe pas.

Cette fois, la Garde nationale obéit ponctuellement à son chef, le cortége passe sans encombre. Santerre introduit le roi devant la Convention, en le tenant par le bras.

Le président Vergniaud interroge Louis XVI, le roi répond avec une grande lucidité ; après l'interrogatoire, Santerre le ramène au Temple.

Les débats se continuent en l'absence du roi ; mais le 26, de Sèze doit présenter la défense, et la loi veut que l'accusé soit présent.

Louis XVI est donc mandé une seconde fois à la barre de la Convention. Il est escorté par le même Santerre, avec des précautions plus grandes encore que la première fois ; une tentative concertée par les royalistes pour sa délivrance est paralysée par le zèle de la Garde nationale et des autres corps de troupes : le roi comparaît devant la Convention.

De Sèze plaide cette grande cause avec beaucoup de dévouement, de logique, d'habileté même, mais il ne fait pas assez retentir sur la tête de ces juges d'un jour les indignations de la conscience humaine et les menaces de la postérité. Le roi, à son tour, prononce quelques paroles simples et dignes; puis il est renvoyé au Temple, où il revient, ramené par les mêmes hommes et au milieu des mêmes baïonnettes!

L'heure de se prononcer est arrivée. La Convention, à une très-faible majorité, condamne

Louis XVI à la peine de mort et décide que l'exécution aura lieu dans les vingt-quatre heures.

Garat, ministre de la justice, va au Temple, entre chez le roi, précédé du commandant général Santerre, et lit le décret de mort. Louis XVI demeure impassible. Après la lecture de l'arrêt, il demande à la Convention trois jours pour se préparer à mourir; il demande aussi la permission de revoir sa famille et l'autorisation de faire venir un prêtre.

La Convention repoussa la première demande, elle lui accorda les deux autres; Santerre et Garat vinrent le lui annoncer.

On sait comment le roi employa les dernières heures de sa vie; on connaît son testament admirable, son entretien déchirant avec les siens, avant-goût du martyre; on sait enfin les consolations religieuses qu'il reçut de l'abbé de Firmont pendant cette nuit. Passons donc en frémissant jusqu'à ce que nous retrouvions la Garde nationale.

Nous la retrouvons le lendemain matin, 21 janvier 1793, sur tout le parcours du cortége royal et autour de l'échafaud. C'est son commandant général Santerre qui a la mission de conduire le roi à la mort. A huit heures, il entre chez Louis XVI, il l'emmène.

Pendant le trajet, qui dure deux heures, les royalistes essayent de soulever le peuple, c'est en vain; la Garde nationale est là, fidèle à l'obéissance cette fois, et, à dix heures, l'auguste victime arrive sur la *place de la Révolution.*

L'instrument du supplice était gardé par les gardes nationaux et par d'autres troupes. Une foule immense l'entourait; au premier rang, par faveur et par calcul de la Commune, se trouvaient les plus furieux jacobins.

Louis XVI gravit d'un pas ferme les marches de l'échafaud. Sur les conseils de son confesseur, il supporte sans murmure les outrages des bourreaux; puis, la toilette sinistre terminée, s'avançant sur le bord de la plate-forme, il s'écrie d'une voix assurée :

« Français! je meurs innocent de tous le crimes » qu'on m'impute! Je pardonne aux auteurs de ma » mort, et je prie Dieu que le sang que vous allez » répandre ne retombe jamais sur la France. »

Il allait continuer, mais le commandant général de la Garde nationale, Santerre, ordonne un roulement de tambours dont le bruit couvre sa voix; les bourreaux s'emparent de sa personne, un instant après sa tête roule sur l'échafaud. Le fils de Saint-Louis était au ciel.

Dans la foule alors, un cri s'éleva morne, triste comme un sanglot, cri de commande poussé par les sectaires de la Commune : *Vive la république!* La grande masse du peuple, frappée de stupeur, se retira en silence.

Nous ne pouvons pas faire comme ce peuple, la conscience l'ordonne, il faut parler.

Cette mort d'un roi sur l'échafaud n'est pas seulement un drame lugubre, mais un événement politique considérable.

Louis XVI, en effet, représente la Royauté inviolable de par la constitution, plus que la royauté, L'AUTORITÉ. Il représente aussi la vertu, impuissante peut-être dans le souverain, mais irréprochable dans l'homme.

Parmi ceux qui ont tué le roi, il y a des doctrinaires égarés, il y a des âmes timides jusqu'au crime; il y a des monstres qui vont courir à de nouveaux forfaits.

Le jugement de ce prince a été une iniquité, sa condamnation une grande faute, sa mort un grand crime.

Ce crime pourtant à trouvé des défenseurs : les républicains l'expliquent, les radicaux l'admirent; les uns et les autres l'indiquent comme le premier triomphe, comme la sanction terrible du principe moderne de la souveraineté populaire.

Nous dirons, nous, qu'il en est la condamnation.

Un principe, qui aboutit au triomphe du nombre sur l'intelligence, de la force sur le droit, des passions brutales sur l'autorité et la justice, est un principe maudit. Il pourra bien parfois, dans une heure de caprice ou de surprise, servir l'ambition des héros d'aventure, dans des œuvres qui brilleront un jour; mais il ne servira jamais les intérêts véritables d'un grand peuple, car il ne peut rien fonder de durable. Il sera donc repoussé comme un mensonge par tous ceux qui aiment la vraie liberté, par ceux qui veulent rendre à notre pays sa grandeur séculaire.

Quant à la Garde nationale, elle n'était pas seule autour de l'échafaud de Louis XVI; elle n'a donc qu'une part commune dans le crime lui-même, mais elle en a une exceptionnelle dans sa préparation.

Fondée en 1789 pour résister aux troupes

royales, elle n'a cessé de subir l'influence de son origine.

C'est ainsi qu'elle a perpétuellement violé la loi, troublé l'ordre, méconnu le pouvoir.

C'est ainsi qu'après avoir enfermé la Royauté dans Paris, elle l'a conduite d'étapes en étapes, ou plutôt *d'envahissements* en *envahissements*, jusqu'à la place de la Révolution.

C'est ainsi, enfin, que pour le plus grand malheur de notre pays, elle a porté elle-même les coups les plus terribles à ce *principe d'autorité*, que des législateurs insensés lui avaient donné la mission de défendre!

CHAPITRE VII

Henriot, commandant général jusqu'au 9 thermidor. — Exécution de Marie-Antoinette, de Charlotte Corday, des Girondins, de Madame Élisabeth.

Nous avons vu le rôle de la Garde nationale dans les dernières années de la monarchie; nous allons voir son rôle dans les premières années de la république.

Les noms de ses commandants généraux indiquent du reste le caractère de l'œuvre politique qu'elle doit servir.

Avec La Fayette, elle avait paralysé la Royauté; avec Santerre elle l'avait détruite.

Elle va avoir maintenant pour chef le féroce Henriot, et à sa suite, elle poussera à la mort, non-seulement les membres survivants de la famille royale, mais tous les modérés de la république; elle prêtera main-forte à tous les crimes du tribunal révolutionnaire. Et cela, malgré les citoyens honnêtes qu'elle renferme dans son sein, malgré leur nombre, malgré l'indignation qui soulève leurs consciences et la rage qui ronge leurs cœurs.

Les Girondins furent les premières victimes, dans la Convention. Ces hommes pourtant étaient des républicains et avaient préparé le 10 août pour détruire la Royauté.

Mais ils répugnaient à verser le sang systématiquement, ils flétrissaient les massacres de septembre et voulaient arrêter les fureurs de la Commune, que Danton, Robespierre et Marat inspiraient. Ils voulaient aussi protéger la Convention contre les menaces dont elle était l'objet; dans ce but, ils avaient fait nommer une commission de défense, composée de douze membres munis de pleins pouvoirs.

Loin d'effrayer la Commune, ces mesures de précaution l'irritèrent davantage; elle s'acharna sans répit à la ruine des Girondins. Elle les accusa de conspirer contre l'unité de la république, et, pour appuyer par la force la dénonciation qu'elle comptait faire à l'Assemblée, elle organisa l'insurrection du 31 mai (1793).

Ce jour-là, de grand matin, des agents du Comité central révolutionnaire s'installent à l'Hôtel de ville. Leur premier soin est de nommer commandant général, Henriot, ancien domestique, ancien commis de barrière, emprisonné pour vol, qui, pour la violence de ses opinions et ses fureurs au 20 juin comme au 10 août, avait été nommé chef militaire de la section des Sans-Culottes.

Aussitôt, Henriot excite les hommes armés des faubourgs; à leur tête, il descend sur la Convention. Les bataillons du centre restés fidèles prennent aussi les armes; mais, comme il arrive presque toujours, l'énergie, la décision, l'entrain sont du côté des troupes de la Commune; moitié par adresse, moitié par vigueur, Henriot arrive promptement aux portes de la Convention.

L'Assemblée délibère sous la pression de cette force armée. La Plaine alors, terrifiée par les menaces de la Montagne, abandonne les Girondins; un décret est rendu contre la commission des Douze, dont les membres appartiennent pour la plupart à la fraction de la Gironde appelée les *Brissotins.*

Pour comble de confusion, Henriot est admis

aux honneurs de la séance, comme ayant maintenu l'ordre et protégé la Convention.

Cette première victoire ne pouvait suffire à la Commune et à ses adhérents. Le surlendemain 2 juin, Henriot redescend vers le Palais-Royal, à la tête de 20,000 sectionnaires, dans le but avoué d'obtenir l'arrestation de tous les Girondins.

La séance de la Convention s'ouvre ainsi sous les plus tristes auspices; les membres hésitants se trouvent pris entre deux menaces également terribles, celle de la Montagne au dedans et celle de l'insurrection au dehors.

Le président de la Convention, Isnard, se lève, déclare que l'Assemblée n'a plus sa liberté, et qu'elle doit chercher à se réunir ailleurs. Il s'apprête à sortir. La plupart des députés l'approuvent, le suivent, et, dans l'espoir de pouvoir rejoindre les sections amies, ils traversent ensemble la foule qui les accueille avec respect.

Mais, aux grilles du Palais-Royal, ils voient des canons, les artilleurs près des pièces, mèche allumée, et en avant, Henriot à cheval qui barre le passage.

Le président insiste pour passer, mais le commandant général s'y oppose. A l'attitude des gardes nationaux les députés jugent que leurs efforts seront inutiles; ils se retirent et cherchent en vain à rejoindre par un autre côté les bataillons fidèles; surveillés sans cesse par les sections des faubourgs, ils sont obligés de rentrer dans le lieu ordinaire de leurs séances.

Dès lors, l'issue de la délibération ne pouvait être douteuse; la majorité devait fatalement céder. Elle céda en effet, vingt-neuf membres de l'Assemblée furent décrétés d'accusation.

Quelques-uns d'entre eux purent se sauver et gagner la province, vingt et un furent emprisonnés.

L'arrestation des Girondins inaugure ce régime atroce qu'on appelle *la Terreur*, régime qui s'est installé comme nous venons de le voir, *grâce à la Garde nationale*, et qui, pendant quatorze mois, jusqu'au 9 thermidor (27 juillet 1794), pèse non-seulement sur Paris, mais sur la France entière.

La Terreur a envoyé à l'échafaud une foule de victimes.

Le 17 juillet 1793 Charlotte Corday, cette jeune fille à l'âme exaltée, est condamnée pour avoir cru, dans son exaltation, qu'elle sauvait sa patrie en la délivrant d'un monstre, Marat;

Le 5 septembre, Marie-Antoinette, pour avoir été l'épouse d'un roi;

Le 31 octobre, les Girondins, pour avoir voulu modérer cette Révolution qu'ils avaient d'abord si imprudemment excitée ;

Le 9 mai 1794 enfin, Madame Élisabeth, pour avoir été l'ange royal de la vertu et de la consolation.

A mesure que ces crimes s'accomplissent, d'autres se préparent. Des proconsuls sont envoyés dans les provinces; ils remplissent partout les prisons, et font exécuter, par les moyens les plus horribles, la loi sanglante de la Terreur.

La Terreur ne tue pas seulement, elle a des vengeances plus raffinées. Le dauphin fils de Louis XVI est entre ses mains; c'est un enfant, elle ne peut pas l'assassiner franchement. Alors elle confie sa garde au cordonnier Simon. Simon, chargé de venger le peuple, déprave autant qu'il le peut l'âme du royal enfant, il martyrise son corps et lui fait subir des traitements tels, que de geôlier il devient bourreau. Louis XVII meurt sa victime, en 1795.

Tel fut ce système infâme, préparé par Marat et exploité par Robespierre. *Henriot, commandant général de la Garde nationale* en a été le plus ferme appui.

Agent principal de Marat, il éprouve une fureur sans égale lorsqu'il apprend la mort de son maître, et il se précipite à la Convention :

« Tremblez tous ! dit-il aux députés : Marat est » mort assassiné par une jeune fille, qui se glo- » rifie du coup qu'elle a porté. Redoublez de vi- » gilance sur vos propres vies. Les mêmes dan- » gers vous environnent tous. Méfiez-vous des » rubans verts, et jurons de venger la mort de ce » grand homme. »

Après la mort de Marat, Henriot devint l'exécuteur servile des volontés criminelles de Robespierre. Ainsi, quant le *tyran,* pour exciter l'opinion, voulut faire croire qu'on avait tenté de l'assassiner, le commandant général fit signer une adresse dans laquelle les gardes nationaux des sections exprimèrent toute leur horreur pour l'attentat, et toute leur admiration pour les vertus de cette étrange victime.

Certes, celui qui appelait Marat un grand homme, et vantait les vertus de Robespierre, ne pouvait être qu'odieux aux citoyens honnêtes de la Garde nationale. Ces derniers cependant furent longtemps impuissants contre lui et durent le subir comme chef, jusqu'à la chute du maître exécrable dont il était le vil instrument!

CHAPITRE VIII

Le 9 thermidor. — Exécution de Robespierre et de Henriot.

Le 9 thermidor (27 juillet 1794) marque la fin de la Terreur. La France, ce jour-là, ne fut pas délivrée seulement par le soulèvement des consciences honnêtes; elle dut son salut, surtout à l'intrigue de certains hommes qui ne valaient guère mieux que Robespierre, mais qui tremblaient pour eux-mêmes et préféraient être ses accusateurs que ses victimes.

En faisant le 9 thermidor, Tallien, Billaud-Varenne et Collot d'Herbois ont été les instruments d'une œuvre de justice; leurs noms n'en resteront pas moins éternellement souillés par les horreurs sanglantes qu'ils rappellent.

La séance du 8 thermidor put faire prévoir la révolution du lendemain. Robespierre y prononça un discours plein de menaces, mais cette fois, loin d'entraîner ses auditeurs en les terrifiant, il fut violemment interrompu et interpellé par un grand nombre de députés. Les deux partis comprirent que la lutte était engagée et profitèrent de la nuit pour se préparer.

Robespierre se rendit à l'Hôtel de ville où il s'assura du concours de la municipalité, puis il alla au club des Jacobins où il fut reçu avec enthousiasme. Le peuple l'acclama, chassa ses ennemis de la salle et fit serment de le défendre. Il pouvait donc avoir encore l'espérance de dominer la Convention. Henriot fut chargé de prendre les mesures nécessaires.

La journée du 9 thermidor présente de nombreuses péripéties.

A la Convention d'abord, la séance s'ouvre par un discours de Saint-Just en faveur de Robespierre; effort inutile, des répliques violentes de Tallien et de Billaud-Varenne entraînent la grande majorité de l'Assemblée. Sur la proposition de Barrère, on commence l'attaque en décrétant l'arrestation de Henriot et de son état-major; on prend les mesures suivantes :

« Art. 1. Tous les grades supérieurs à celui de chef de légion sont supprimés. La Garde nationale reprendra sa première réorganisation ; en conséquence, chaque chef de légion commandera à son tour.

« Art. 2. Le maire de Paris, l'agent national et celui qui sera en tour de commander la Garde nationale veilleront à la sûreté de la représentation. Ils répondront sur leurs têtes de tous les troubles qui pourront survenir à Paris. Le présent décret sera envoyé sur-le-champ au maire. »

Une fois dans cette voie, l'Assemblée ne s'arrête plus. Elle décrète l'arrestation immédiate de Robespierre, Couthon, Lebas et Saint-Just. Robespierre jeune déclare qu'il veut partager le sort de ses amis ; on les conduit tous devant le comité de sûreté générale, qui, après les avoir interrogés, les dirige sur différentes prisons. Mais en route, les municipaux délivrent les prisonniers. Robespierre se refugie dans une mairie ; il fait prévenir Henriot, qui arrive suivi de ses aides de camp et d'une vingtaine de cavaliers ; protégé par cette escorte, il se rend à l'Hôtel de ville.

La municipalité cherche alors à organiser une résistance sérieuse ; elle répand la proclamation suivante dans les sections qui lui sont dévouées : « Courage, patriotes, la liberté triomphe ! Déjà

» ceux que leur fermeté a rendus formidables aux » traîtres sont en liberté. Partout, le peuple se » montre digne de son caractère. Le point de » réunion est à la Commune, où le brave Henriot » exécutera les ordres du comité d'exécution créé » pour sauver la patrie. »

Le *brave Henriot,* excité par de copieuses libations, se met en effet à parcourir les rues au galop, en criant : *Aux armes!* Il arrive ainsi suivi de quelques aides de camp, jusqu'à la porte de la Convention, qui vient de reprendre ses séances. Il cherche à y pénétrer, il est arrêté par des gendarmes. Mais peu de temps après, l'agent national Coffinhal survient avec quelques centaines de sectionnaires et le délivre.

A ce moment, paraissent les sections de la Commune, avec leurs canons qui sont immédiatement tournés contre l'Assemblée. La position devient très-critique, les députés font bonne contenance et jurent de mourir à leur poste.

Heureusement, le chef de l'insurrection, troublé par l'ivresse, perd son temps en paroles et en gestes inutiles. Les députés en profitent pour parlementer avec les gardes nationaux. Lorsque Henriot, irrité, donne l'ordre de faire feu, il n'est plus temps. Le député Amar se précipite en avant et s'écrie : « Canonniers, pourriez-vous déshono-» rer ainsi votre patrie? Ce brigand est hors la » loi. »

Les canonniers, touchés, refusent d'obéir au commandant général, ils veulent même s'emparer de lui, mais il s'élance à cheval comme un furieux, traverse au galop la foule et s'enfuit vers l'Hôtel de ville.

La Convention sent qu'elle est sauvée. Elle adresse un appel immédiat aux sections amies de l'ordre, et nomme Barras, chef des forces chargées de la défendre dans cette journée.

Une foule de gardes nationaux, encouragés par les premiers succès de la journée, impatients de voir finir la Terreur, viennent se ranger sous les drapeaux de la Convention.

A minuit, Barras marche sur l'Hôtel de ville, il y pénètre sans difficulté, grâce à l'ineptie de Henriot qui, de plus en plus ivre, n'avait pris aucune mesure de défense.

Se voyant cernés, les députés rebelles sont au désespoir. Robespierre jeune se précipite sur les baïonnettes, Robespierre (Maximilien) et Lebas se tirent un coup de pistolet dans la bouche.

Quant à Henriot, il est jeté, ivre mort, par une fenêtre et tombe dans un égout.

Mais aucun de ces misérables ne succombe. Tous sont pris, ainsi que leurs principaux complices, et le lendemain 28 juillet, après avoir comparu devant le tribunal révolutionnaire, tous vont mourir sur cet échafaud auquel ils avaient livré tant de nobles et innocentes victimes.

Ainsi, au 9 thermidor comme toujours, la Garde nationale est divisée en deux camps; c'est la première fois que la portion modérée l'emporte. Ceux qui la composent, défendent avec ardeur la Convention, non par respect de la loi, mais parce que le but commun est de détruire Robespierre et la Terreur!

CHAPITRE IX

Insurrections montagnardes. — Pichegru et Barras sauvent la Convention. — Insurrection royaliste. — Bonaparte sauve la Convention.

A deux reprises différentes, le 12 germinal et le 1er prairial, les Montagnards cherchèrent à prendre leur revanche. La Garde nationale, sous l'impression des mêmes sentiments qu'au 9 thermidor, comprit le danger, l'émeute fut vaincue.

Le 12 germinal (1er avril 1795), la populace des faubourgs souffrant de la rareté des subsistances se mit en mouvement. Prenant prétexte de l'arrestation de Collot d'Herbois, Billaud-Varenne et Barrère, ennemis acharnés de Robespierre au 9 thermidor, mais montagnards, elle descendit sur la Convention en criant : *Du pain! du pain! la constitution de* 1793! Elle envahit la salle des séances et causa le plus grand désordre. Pourtant, malgré les efforts des députés, ses complices, elle ne put arracher aucune décision légale à l'Assemblée ; la nuit venue, elle se retira.

La Convention reprit alors ses séances et fit appel aux sections dévouées. Elle nomma commandant général de la Garde nationale, pendant la durée des troubles, le vainqueur de la Hollande, Pichegru, qui était venu à Paris jouir de son triomphe.

Pichegru mit la ville en état de siége, attaqua les points où s'étaient réfugiés les factieux et, en très-peu de temps, rétablit l'ordre. Trois jours après, la Convention le récompensa en le nommant général en chef de l'armée du Rhin. Il vint à la barre et prononça une allocution dont le premier paragraphe concernait la Garde nationale : « Citoyens, rappelé à Paris par le » Comité de salut public, pour concerter quel- » ques opérations relatives à l'armée dont vous » m'avez donné le commandement, vous avez » ajouté aux témoignages de confiance dont » vous m'aviez honoré, en me mettant à la tête » de la Garde nationale pendant le moment d'agi- » tation qui s'est manifesté. Le zèle et l'infati- » gable activité des bons citoyens qui composent » les sections de cette commune ont fait bientôt

» cesser les troubles. Je me félicite d'y avoir con-
» couru avec l'état-major, et en vous demandant
» de m'envoyer à mon poste, citoyens représen-
» tants, je me fais un devoir d'offrir devant vous
» à la Garde nationale parisienne l'expression de
» ma reconnaissance, avec l'hommage de la
» haute estime que m'à inspiré le calme impo-
» sant qu'elle a montré dans cette circonstance. »

Lorsque Pichegru eut terminé, le président lui répondit :

« Brave général, tu as mérité plusieurs fois de
» la patrie ; tu as vaincu les ennemis coalisés, et les
» fleuves n'ont pu arrêter ton courage. Tes loisirs
» ont été utiles à la patrie. *Réuni à la Garde natio-*
» *nale parisienne, tu as fait exécuter les lois contre*
» *les ennemis intérieurs.* Les factieux sont aussi
» dangereux à la république que les Autrichiens.
» Va rejoindre tes braves frères d'armes, annonce-
» leur que la Convention nationale déploiera,
» contre les machinateurs et les artisans de
» l'anarchie, le courage dont vous ne cessez de
» donner l'exemple sur les bords du Rhin. »

Des éloges de ce genre ont été prodigués maintes fois à la Garde nationale tout entière, alors qu'ils n'étaient mérités que par l'élite de ses membres. Ce sont des éloges dangereux. Ils ont beaucoup contribué à tromper l'opinion publique sur cette institution. Ils sont le résultat d'un besoin qu'éprouvent les hommes politiques de toutes les époques : le besoin de la popularité.

La popularité ! ah ! il faut qu'elle ait un attrait invincible, car tous les jours elle fait dire bien des mensonges, elle fait commettre bien des bassesses. Et pourtant, elle ne peut être une force honnête et véritable que lorsqu'elle a été acquise par des paroles ou par des actes conformes à la justice et à la vérité.

Les Montagnards vaincus essayèrent un suprême effort le 1er prairial (20 mai 1795), mais cette journée ne fut que la répétition du 12 germinal.

Dès le matin, la population turbulente des faubourgs, réveillée par le tocsin, se réunit en armes ; elle s'excite en lisant les proclamations d'un comité occulte qui donne pour cri de ralliement à la révolte, ces mots : *Du pain! la Constitution de* 1793 ! Puis, elle marche sur la Convention, l'envahit et l'oblige à délibérer tout le jour, sous le coup des menaces les plus terribles. Des luttes s'engagent, des coups de feu sont tirés ; un député, Féraud, paye même de sa vie son indignation contre les envahisseurs, et le président Boissy-d'Anglas montre en face de cette mort un sang-froid qui a immortalisé sa mémoire. Les montagnards profitent de ce trouble pour faire décréter les mesures les plus révolutionnaires. Pendant ce temps, les députés de la droite vont soulever les sections, se mettent à leur tête et reviennent à la Convention dont ils chassent les factieux.

Les députés montagnards sont immédiatement décrétés d'arrestation, les délibérations de la journée sont annulées. Enfin, Tallien et Barras, à la tête de la Garde nationale, marchent sur le faubourg Saint-Antoine et le désarment.

La Convention est encore sauvée par la Garde nationale du centre de la ville. Pour le 1er prairial on est obligé de faire la même remarque que pour le 12 germinal : la Garde nationale n'a pas défendu la Convention parce qu'elle était l'autorité, mais parce que ce jour-là les ordres donnés étaient absolument conformes au dégoût inspiré à la masse des citoyens par la populace des faubourgs.

La meilleure preuve de cette assertion est dans la journée du 13 vendémiaire (3 octobre 1795).

Jusque-là, les bataillons démagogiques avaient seuls attaqué la Convention, les bataillons modérés l'avait défendue. Maintenant elle va être attaquée par ses anciens défenseurs. Las de l'état précaire où gémit la société française, les honnêtes gens aspirent à la Royauté. Pour y arriver, ils se décident à employer contre la Révolution les moyens révolutionnaires, ils préparent une sérieuse insurrection.

Le mouvement éclate dans la soirée du 12 vendémiaire. Le général Menou, à la tête de la garnison de Paris, n'obtient aucun avantage sur les insurgés.

La situation était grave. La Convention avait à lutter cette fois contre ceux qui l'avaient défendue auparavant; elle ne pouvait s'appuyer sur les faubourgs, il ne lui restait comme suprême ressource que les rares bataillons d'infanterie qui se trouvaient à Paris et un peu d'artillerie.

Dans cette occurrence, elle nomme Barras, commandant en chef de l'armée de l'intérieur. Barras s'adjoint Bonaparte. Celui-ci prend toutes les mesures nécessaires et dispose l'artillerie. La lutte s'engage très-vive, très-sérieuse, mais l'intelligence du défenseur de la Convention supplée au nombre. Les sectionnaires sont mitraillés sur les marches de Saint-Roch; l'insurrection est vaincue et le désarmement de la Garde nationale opéré.

Ainsi, la Convention a toujours gouverné sous la pression de la Garde nationale, au milieu de la guerre civile et des envahissements populaires!

Lorsque les envahissements démagogiques triomphent, comme au 31 mai et au 2 juin, les décrets de la Convention sont terribles et la tête des modérés roule sur l'échafaud.

Lorsqu'ils avortent, comme au 9 thermidor, au 12 germinal et au 1er prairial, les hommes de la Terreur succombent et l'espérance rentre au cœur des honnêtes gens.

Ceux-ci même en arrivent à croire qu'ils pourront renverser par la force, les restes d'un régime odieux, et qu'ils ramèneront ainsi la France à ses traditions monarchiques. Ils veulent à leur tour envahir la Convention pour la dominer (13 vendémiaire). Dieu ne le permet pas; grâce à l'épée du futur César, la victoire reste à la République.

Cette victoire assure le triomphe de la *Révolution* et prépare la ruine de la *Liberté!*

Pour la première fois le nom de Bonaparte se

trouve entre la France et la monarchie. Pour la première fois, celui qui porte ce nom, rêve à l'ombre d'une république qui se meurt, l'établissement du despotisme.

Le despotisme est un signe certain de décadence pour une nation ; car s'il est le terme fatal où doit aboutir toute révolution, il est aussi la source d'où doivent sortir infailliblement des révolutions nouvelles !

CHAPITRE X

La Garde nationale sous le Directoire. — Préparation d'un mouvement royaliste. — Coup d'État républicain du 18 fructidor. — Coup d'Etat césarien du 18 brumaire.

On se rappelle qu'il ne s'agit pas ici de faire l'histoire de la Révolution ou l'histoire détaillée de la Garde nationale; nous voulons seulement rechercher, partout où ils se trouvent, les faits nécessaires pour juger cette institution.

Nous avons été amené à rappeler les faits principaux des cinq premières années de la Révolution, parce qu'on trouve à chaque pas, dans les événements d'alors, l'action illégale des citoyens armés pour défendre la loi.

Nous arrivons à une époque où le rôle de la Garde nationale diminue, au point de ne fournir aucun argument ni pour ni contre sa condamnation; nous passerons rapidement sur ce temps d'indifférence sans autre préoccupation que celle de notre sujet.

Pendant les premières années du Directoire, les royalistes, battus au 13 vendémiaire, reconstituèrent leurs rangs et les virent se grossir de tous les hommes modérés, mécontents des inquiétudes et des désastres qu'entraînait une révolution interminable. Leurs chefs se mirent naturellement en rapport avec cette Garde nationale vaincue par le canon de Bonaparte.

Le parti s'organisa d'une manière puissante au club de Clichy; de là, le nom de *Clichyen* qui lui fut donné.

Son influence devint si grande qu'aux élections de l'an V (1797), une majorité royaliste fut envoyée au conseil des Anciens et au conseil des Cinq-Cents.

Pichegru, qui était un des chefs principaux des Clichyens, fut nommé président des Cinq-Cents à une immense majorité. Son premier soin fut de présenter une loi de réorganisation de la Garde nationale, par laquelle la composition de cette garde était remise aux assemblées électorales. Comme ces assemblées venaient de prouver leurs tendances royalistes, la Garde nationale devait nécessairement être réorganisée dans le même esprit.

La loi fut acceptée par les deux conseils. La majorité avait entraîné dans ses voies les deux directeurs Carnot et Barthélemy.

Les trois autres directeurs, suspects aux royalistes à cause de leurs sentiments révolutionnaires, comprirent le danger qui les menaçait. Barras écrivit au vainqueur d'Italie pour lui demander un général capable de défendre énergiquement la Constitution de l'an III et le Directoire.

Bonaparte envoya Augereau. Ce général, bien connu pour ses opinions avancées, s'écria avant de partir : « O conspirateurs, tremblez! De l'Adige » et du Rhin à la Seine, il n'y a qu'un pas. Tremblez, vos iniquités seront trompées et la peine » est au bout de nos baïonnettes! »

L'arrivée d'Augereau à Paris prouva clairement que la lutte allait s'engager; les royalistes, assurés du concours de plusieurs milliers de gardes nationaux, résolurent de prévenir l'attaque du Directoire. Mais Barras, instruit de leurs projets, chargea Augereau, le 18 fructidor (4 septembre 1797), de surprendre avec ses troupes Barthélemy et Carnot au Luxembourg.

Carnot parvint à se réfugier en Suisse, mais Barthélemy fut emprisonné. La minorité révolutionnaire des Cinq-Cents se réunit alors, et entraîna un certain nombre de ces hommes hésitants qui se trouvent dans toutes les assemblées. Elle condamna à la déportation les deux directeurs et environ une soixantaine de royalistes des deux conseils.

Les espérances des Clichyens furent donc déçues; ils avaient espéré, au moyen de la Garde nationale, faire une émeute contre le Directoire, et le Directoire avait fait un coup d'État contre eux au moyen de la troupe. La réorganisation de la Garde nationale fut immédiatement suspendue. Le fastueux Barras, protégé par les soldats, devint tout-puissant.

Le 18 fructidor était un premier pas encourageant dans la voie des coups d'État. Sieyès, étant entré au Directoire le 18 juin 1799, médita d'employer ce moyen pour donner la dictature à un général. Il jeta les yeux sur Bonaparte et lui écrivit de revenir.

Comme on le sait, Bonaparte revint d'Égypte et s'empara du pouvoir le 18 brumaire (9 novembre 1799).

Son triomphe fut assuré par le concours des généraux et de la troupe; une compagnie de grenadiers dispersa la représentation nationale.

Quant à la population parisienne, elle assista avec indifférence à la chute du Directoire : pas une compagnie de la Garde nationale ne se leva pour résister. L'ancien commandant général Santerre, de sinistre mémoire, essaya bien de soulever le faubourg Saint-Antoine; mais c'est à peine si quelques cris se firent entendre pour protester contre le coup d'État qui allait donner quinze ans de despotisme à la France.

Les insurrections des peuples contre la loi s'appellent des émeutes, les insurrections de ceux qui gouvernent, des coups d'État.

En droit, les coups d'État ne sont pas plus légitimes que les émeutes.

Mais, à la suite des grandes crises politiques, lorsque le besoin dominant des esprits est la sécurité et le repos, non-seulement les honnêtes gens acceptent pour la plupart les coups d'État avec une dangereuse facilité, il advient même qu'ils les appellent de tous leurs vœux comme la suprême ressource d'une nation en péril !

C'est ce qui arriva le 18 brumaire. La Garde

nationale avait été royaliste, parce que la Royauté lui semblait le meilleur moyen pour sortir d'un état politique précaire ; mais elle était avant tout ennemie de la constitution républicaine. A défaut de la Royauté, elle vit donc sans déplaisir (comme la majorité des Français du reste) le triomphe d'un général glorieux. La dictature lui paraissait aussi un refuge contre les excès de la Révolution.

Mais en agissant de la sorte, la France de 1799 n'avait vu que les promesses du présent, sans prévoir, hélas ! les tristes réalités de l'avenir !

Il y avait une très-grande différence entre les deux solutions. La Royauté est *un principe,* la dictature n'est qu'un *expédient.*

Avec la Royauté, on pouvait réaliser tous les progrès désirables et obtenir toutes les libertés nécessaires. Avec la dictature, on n'est arrivé qu'à des éblouissements de gloire éclairant un abîme de douleurs et de servitudes !

Le danger immense des révolutions n'est pas tout entier dans le mal qu'elles font, il est aussi dans le mal qu'elles préparent. C'est qu'après les violations de la loi par les peuples, viennent les violations de la loi par cette race d'ambitieux qu'on appelle les sauveurs. C'est, enfin, qu'au milieu des périls de la société, la peur pousse les peuples affolés à sanctionner non-seulement des dictatures passagères qui peuvent parfois produire quelque bien, mais ces despotismes énervants et tenaces, plus dangereux peut-être pour l'âme d'un peuple que les révolutions auxquelles ils succèdent !

Excepté pendant l'époque thermidorienne, la Garde nationale a toujours favorisé les émeutes. Elle n'a jamais lutté contre les coups d'État. En résumé, il y a une chose qu'elle ne s'est jamais préoccupée de défendre, celle précisément qu'elle était chargée de protéger, *la loi,* c'est-à-dire la source même de la liberté !

CHAPITRE XI

La Garde nationale sous Napoléon Ier. — Son indifférence pour la loi démontrée par sa mobilité en 1814 et 1815.

L'histoire du Consulat et de l'Empire a été remplie d'événements considérables. La France, entraînée par le fatal génie de l'homme qui l'avait domptée, et servie par les bras de soldats longtemps invincibles, a révolutionné le monde moral, bouleversé le monde politique et ensanglanté l'Europe !

Pendant qu'elle triomphait au dehors, au dedans elle retrouvait l'ordre, établissait le règne des lois, et montrait pour son gouvernement un respect qui semblait devoir être inaltérable.

Toute cette splendeur et cette sécurité ont été éphémères. Tout cela n'a duré que quinze ans, instant bien court dans la vie d'un peuple !

Pendant le temps des triomphes, l'histoire ne prononce pas le nom de la Garde nationale.

Autant dire qu'elle n'existe pas. La France est un soldat, son obéissance est de la discipline; tous ses enfants valides s'en vont successivement sur les champs de bataille donner leur sang à l'homme qui les fascine. Il n'est pas besoin alors d'utiliser ceux qui restent ou qui ont échappé.

Mais à l'heure des désastres, vers la fin de 1813, lorsque le sang s'épuise dans les veines de la nation, lorsque celui qui la mène glorieusement à l'abîme commence à prévoir l'invasion des frontières, pour parer aux éventualités d'un siége devenu possible, on réorganise la Garde nationale de Paris.

Napoléon croyait pouvoir compter sur le dévouement de la bourgeoisie parisienne. Il espérait qu'elle l'aiderait à défendre la capitale et à sauver sa couronne. Il n'épargna aucun moyen pour gagner ses sympathies. Il lui donna la satisfaction d'élire une partie de ses chefs, et, le 20 janvier 1814, il réunit aux Tuileries les officiers nouvellement élus.

Après leur avoir fait prêter serment, il leur parla avec émotion, leur annonça son départ pour l'armée et termina par ces mots :

« Je vous recommande d'être unis entre vous.

» On ne manquera pas de chercher à vous di-
» viser, à ébranler votre fidélité à vos devoirs.
» Je compte sur vous pour repousser toutes les
» coupables instigations. Je vous laisse l'impé-
» ratrice et le roi de Rome, ma femme et mon
» fils. Je partirai l'esprit dégagé de toute inquié-
» tude, parce qu'ils seront sous votre sauve-
» garde. »

Les officiers, très-émus, protestèrent de leur dévouement. Sans nul doute ils étaient très-sincères; mais, une fois retournés à leurs préoccupations et à leurs affaires, ils oublièrent, pour ainsi dire malgré eux, les impressions qu'ils avaient subies; ils furent entraînés par la force des choses et le courant de l'opinion.

La Garde nationale vit au milieu de la population, elle en constitue elle-même une partie notable; cela explique parfaitement pourquoi elle en partage toutes les idées, pourquoi elle n'a possédé à aucune époque un esprit qui lui fût propre.

A la fin de l'Empire, les habitants de Paris désiraient certainement la victoire de nos armes et la retraite de l'étranger. Mais, comme la plupart des Français, ils étaient las d'un régime qui épuisait le pays.

La conduite de la Garde nationale fut conforme à ces deux sentiments.

Lorsque Paris fut attaqué, elle fit bravement son devoir. Le maréchal Mortier réunit cinq à six mille gardes qui contribuèrent généreusement à la défense de la ville. S'il n'en trouva pas un plus grand nombre, c'est que la population des faubourgs n'avait pas été armée, et que les bourgeois, décimés par la conscription, n'avaient pu fournir qu'un effectif total de onze mille inscrits, dont beaucoup même n'avaient ni armes ni équipements.

Mais après la capitulation de Paris, lorsque le gouvernement provisoire eut été constitué, la Garde nationale subit facilement l'influence des membres royalistes qui s'étaient habilement introduits dans son sein. Elle pensa que si les triomphes de Napoléon avaient flatté son orgueil, le despotisme de cet homme avait causé les déchirements de son cœur et la ruine de ses intérêts. Elle prit donc avec empressement la cocarde blanche, et salua le retour des Bourbons comme une espérance de calme, de travail et de liberté.

Cependant, certains actes de la première Restauration causèrent du mécontentement, et lorsque Napoléon, inconsolable d'avoir perdu son trône, remit un pied criminel sur la terre de France, l'esprit de la Garde nationale était déjà bien changé !

Louis XVIII passa les bataillons en revue le 19 mars, il reçut un accueil glacial. Quelques cris isolés se firent seuls entendre; il ne se présenta que quelques volontaires pour défendre la cause royale ; et le lendemain, la Garde nationale, comme le reste de la population, acceptait le retour du despote fascinateur.

Les mêmes inconséquences et les mêmes changements se produisirent lors de la deuxième Restauration. Jamais notre pays n'a donné une preuve plus frappante de son inconstance politique.

La Garde nationale a fait comme le pays, c'est ce qu'elle fera toujours.

Nous en avons fini maintenant avec elle, sous le régime impérial, mais nous ne saurions laisser derrière nous cette phase capitale de notre histoire sans chercher à en tirer quelque utile enseignement.

De même que notre conscience s'est soulevée en face des excès de la Révolution, elle se soulèvera en face des excès du despotisme.

Le despotisme dans notre siècle a toujours eu

des conséquences funestes. Quel que soit son nom, il sera toujours une source de désastres.

Napoléon est le despotisme avec le génie; et cependant il a laissé deux fois la France envahie et diminuée; il a laissé les intérêts en ruine, le deuil dans les souvenirs, et un long héritage de haine entre les nations!

Comment donc s'est-il trouvé un peuple capable non-seulement de supporter ce despotisme, mais d'oublier si vite les malheurs qu'il avait causés? Comment cette Garde nationale que nous étudions, après avoir maudit une première fois le nom de Bonaparte, l'a-t-elle accepté de nouveau? Comment, enfin, ce nom est-il resté debout, destiné à séduire et à bouleverser encore les générations nouvelles?

C'est que Napoléon avait promis d'être la Royauté sans les priviléges, sans les préjugés, sans les hommes auxquels le peuple avait voué une haine aveugle; c'est qu'il s'était posé comme la personnification du peuple, comme l'œuvre du peuple, en un mot, comme le génie de la Révolution. C'est enfin qu'avant d'avoir accablé la France sous les désastres, il l'avait éblouie par son génie et par sa gloire.

Mais il faut distinguer. Rien n'effacera la gloire de ces soldats héroïques qui ont affronté tous les périls, supporté toutes les souffrances, et donné ainsi à la patrie un prestige incontestable. Leurs noms sont gravés sur ces marbres et sur ces bronzes que des brigands pourront abattre, mais que la France relèvera toujours avec tout son cœur.

Il n'en est pas de même pour Napoléon. Lorsqu'on étudie cet homme extraordinaire, lorsqu'on se promène à sa suite au milieu du monde, on a beau traverser en vainqueur toutes les capitales de l'Europe et goûter les triomphes de vingt champs de bataille, le dégoût prend l'âme du philosophe et du chrétien. On voit trop de cadavres et trop de sang, on découvre trop d'intrigues, on devine trop de crimes, et alors le génie demeure, mais la gloire, la vraie gloire s'efface !

La vraie gloire, c'est la gloire que procure la vertu, c'est celle que donnent le talent et le courage mis au service d'une idée grande et juste· le sang qu'elle fait couler est le sang du martyr : Dieu la bénit !

La gloire qui est le triomphe de l'ambition et de la force, la gloire qui est la conquête insatiable, la gloire enfin qui reste inutilement tachée d'un sang innocent, celle-là est fausse et maudite !

La vraie gloire laisse aux peuples les plus nobles exemples et doit grandir leur âme ; la fausse gloire ne peut qu'accroître leur orgueil.

La France depuis Napoléon s'était toujours crue invincible, elle méprisait les autres nations, dédaignait le travail et la science ; elle avait enfin sans cesse à la bouche les noms glorieux de Marengo, d'Austerlitz et de Wagram.

La Providence lui a répondu par les catastrophes de Sedan, de Metz et de Paris !

On doit honorer et admirer les héros de l'épopée impériale.

Quant à l'empereur lui-même, malgré tout son génie, l'histoire lui contestera le titre de grand, parce qu'il n'a aimé que pour lui-même cette France qui s'était donnée à lui, et qu'il lui a manqué l'indispensable condition de la vraie grandeur : la conscience !

CHAPITRE XII

La Garde nationale sous la Restauration. — Son licenciement en 1827. — Son rétablissement insurrectionnel en 1830. — Révolution de 1830.

Pendant la première partie de la Restauration, la Garde nationale joue un rôle tout à fait secondaire. Elle existe, elle occupe certains postes d'honneur dans la capitale ; toutefois elle n'exerce aucune influence sur les événements politiques. La plupart des hommes qui la composent partagent bien les passions de la bourgeoisie et critiquent déjà les actes des Bourbons ; mais cette opposition se maintient dans des limites tolérables pendant tout le règne de Louis XVIII.

Il n'en est malheureusement pas ainsi sous Charles X. Les premiers jours de son règne avaient pourtant été pleins de promesses ; les partis semblaient désarmés, le roi charmait tout le monde par sa bonté, sa belle attitude, ses mots heureux ; dans une revue qu'il avait passée au

Champ de Mars, le 30 septembre 1824, il avait même été acclamé par la Garde nationale et par la population.

Cependant ce prince, rempli de bonnes intentions, n'avait pas les qualités de l'homme d'État. Entraîné par les exagérations d'amis dévoués mais dangereux, il laissa donner aux actes de son règne un caractère de réaction dont les partis profitèrent avec une insigne mauvaise foi.

L'opinion publique avait déjà été excitée par la présentation de plusieurs lois malheureuses, lorsqu'en 1827, sous le ministère de M. de Villèle, la situation fut encore compliquée par une polémique religieuse, engagée au sujet d'un mémoire contre les jésuites, adressé par M. de Montlosier à la Chambre des députés et à la Chambre des pairs.

M. de Montlosier était, paraît-il, un homme fort original, d'un jugement peu sûr. Il avait été aux États généraux le défenseur ardent de tous les priviléges aristocratiques, et en 1814 le panégyriste des institutions féodales.

L'opposition libérale n'en exploita pas moins son intervention contre les prêtres, avec une injustice sans pareille. La presse arriva à ce degré d'audace et d'impudeur, que non-seulement elle injuriait les ministres, mais encore qu'elle outrageait et calomniait le roi lui-même.

Pour arrêter cette campagne, pour protéger le trône et la dignité royale, les ministres, se croyant dans le cas de légitime défense, proposèrent une loi contre la presse. Cet acte en apparence si naturel était cependant fort inopportun ; il fut l'occasion d'un redoublement d'attaque. Le mécontentement se manifesta de la manière la plus vive jusque dans les Chambres ; le gouvernement, contraint de céder, retira la loi.

C'est alors que, dans l'espoir de ramener la population en se mettant en rapport avec elle, le roi ordonna pour le 29 avril une grande revue de la Garde nationale.

Charles X avait cru que cette revue serait un moyen d'apaisement et de réconciliation ; elle ne fut, hélas ! qu'une occasion de menaces pour les partis et de fautes sérieuses pour le gouvernement.

Un fait d'une certaine gravité s'y produisit. Au moment où la Garde nationale défila devant Charles X, une manifestation organisée par les meneurs libéraux éclata. Les cris de : *A bas les mi-*

nistres! à bas les jésuites! se mêlèrent à ceux de *Vive le roi!*

Le roi n'attacha d'abord aucune importance à cet incident; il eût été d'une sage politique de le laisser passer inaperçu, quitte à en faire son profit pour apprécier la valeur de la Garde nationale.

Mais les ministres, personnellement attaqués, ne surent pas contenir leur colère; les postes occupés par les gardes nationaux furent aussitôt relevés par la troupe, et le lendemain la Garde nationale fut licenciée.

Cette mesure subite, infligée comme une humiliation à la bourgeoisie parisienne, excita au plus haut degré son mécontentement et la rendit de plus en plus hostile aux Bourbons.

Aussi, lorsque, dérouté par cette lutte continuelle, Charles X, accumulant fautes sur fautes, se fut confié aveuglément à l'aveugle prince de Polignac et eut signé les fatales ordonnances, quelle fut la classe de citoyens qui protesta le plus vivement et donna le branle à l'insurrection? Ce fut l'ancienne Garde nationale, ce fut la bourgeoisie, qui, dès le 28 juillet, reparut en uniforme dans les rangs des émeutiers!

Certainement, cette bourgeoisie n'allait pas

aussi loin dans ses désirs et dans ses actes, que la populace qui, après avoir débauché les troupes, envahissait les Tuileries, l'Hôtel de ville et pillait l'archevêché; cependant elle allait aussi loin dans sa haine contre Charles X et contre les hommes dont il était habituellement entouré.

Cette disposition des esprits explique naturellement la tournure qu'a prise la révolution de juillet. Elle n'est pas arrivée jusqu'à la République, qui eût été le triomphe du peuple et l'avénement de la démocratie. Elle s'est arrêtée à un système de royauté intermédiaire qui devait changer bien peu de chose à la situation légale du peuple, mais qui eut l'avantage, en renversant les Bourbons et leur entourage aristocratique, de faire passer la suprématie politique dans les mains de la bourgeoisie.

Enfin, la Garde nationale est une précaution tellement indispensable contre l'autorité, qu'un des premiers actes de la révolution de juillet fut de la rétablir.

La Fayette, qui venait de se créer dictateur à l'Hôtel de ville envahi par le peuple, décida le 29 juillet la résurrection de la milice bourgeoise. Il en prit le commandement en chef et lui adressa une proclamation où il l'excitait en ces termes à la résistance au pouvoir :

« Mes chers concitoyens et braves camarades, » la confiance du peuple de Paris m'appelle encore » une fois au commandement de la force publique. » J'ai accepté avec dévouement et avec joie les » devoirs qui me sont confiés ; de même qu'en 1789 » je me sens fort de l'approbation de mes hono- » rables collègues aujourd'hui réunis à Paris. Je » ne ferai point de profession de foi ; mes sen- » timents sont connus. La conduite de la po- » pulation parisienne dans ces derniers jours » d'épreuve me rend plus que jamais fier d'être » à sa tête. La liberté triomphera ou nous » périrons ensemble.

» *Vive la liberté! Vive la patrie!*

» LA FAYETTE. »

Le Garde nationale sédentaire ne put même pas suffire. Le 31, La Fayette créa une garde nationale mobile, susceptible d'être envoyée à l'ennemi, et dont les hommes gagnaient *trente sous* par jour; mais cette pensée était par trop révolutionnaire, elle ne reçut pas d'exécution.

L'enthousiasme des Parisiens est alors à son

comble; aussi, le même jour, lorsque le duc d'Orléans à la poursuite de la couronne, arrive à l'Hôtel de ville en présence de La Fayette que le peuple acclame aux cris de : *Vive La Fayette! Vive la République!* quelles paroles prononce-t-il pour ramener à lui la foule et son idole?

Il embrasse La Fayette avec effusion en lui disant modestement : « C'est un ancien garde na-» tional qui vient voir son ancien général. »

L'effet est complet. La Fayette est subjugué, le peuple attendri. Quelques instants après, le duc d'Orléans, proclamé lieutenant général du royaume, se montre au balcon avec le commandant général de la Garde nationale à ses côtés, et tenant dans ses mains le drapeau tricolore.

En résumé, il est certain qu'après avoir renversé une première fois la monarchie, en 1792, la Garde nationale l'a renversée une seconde fois en 1830 !

Il y a peut-être encore des libéraux impénitents qui se demandent si elle a fait là une œuvre bonne ou mauvaise. Ce n'est pas nous qui allons leur répondre, c'est un des hommes les plus illustres du régime de Juillet, c'est le souverain d'hier, M. Thiers. Voici comment il s'exprimait dans le mémorable

discours du 8 juin 1871 : « Il faut avoir vu les révo-
» lutions de près, comme il m'a été donné de les
» voir douloureusement, pour bien comprendre que
» la *meilleure révolution* est un *malheur immense.* »

Nous pouvons donc dire après lui, sans être taxé d'injustice par personne, la révolution de 1830 a été un malheur immense :

Immense au point de vue de l'*ordre,* parce qu'en méconnaissant de nouveau la *loi monarchique,* elle a porté un coup décisif au *principe d'autorité,* divisé le parti conservateur qui n'avait pas trop de toutes ses forces pour lutter contre l'ennemi social, et marqué enfin une première étape vers les révolutions nouvelles que nous subissons;

Immense aussi au point de vue de la *liberté,* car la liberté ne peut être vraie et durable que lorsqu'elle tourne autour de l'autorité, comme autour d'un pivot inflexible qui la retient dans le cercle des lois !

Les hommes sincèrement et honnêtement libéraux le savent : lorsqu'on vit sous un gouvernement régulier, le plus mauvais moyen pour obtenir une amélioration libérale sérieuse, *c'est la Révolution.*

La Révolution donne parfois à un peuple,

comme en 1848, trois années pendant lesquelles se soutient mal une république modérée ; elle lui vaut ensuite pendant vingt ans ce régime tenace, mortel pour tous les intérêts permanents d'un peuple et qui est le despotisme.

Un despote est un séducteur ; la nation qui se laisse aller dans ses bras est une nation perdue ; elle doit en sortir corrompue et avilie ; elle ne peut se relever que par la souffrance et par le repentir !

Le plus souvent, hélas ! elle ne se relève pas !

CHAPITRE XIII

La Garde nationale sous Louis-Philippe. — Elle le soutient en 1832 et 1836. — Elle le renverse en 1848. — Envahissement de la Chambre, de l'Hôtel de ville et des Tuileries. — Révolution de Février.

Dans la séance du 11 juillet 1789, un député avait proposé à l'Assemblée nationale un projet de décret dont voici le deuxième article :

« Tout homme naît avec des droits inaliénables et imprescriptibles; tels sont la liberté de toutes ses opinions, le soin de son honneur et de sa vie, le droit de propriété, la disposition entière de sa personne, de son industrie, de toutes ses facultés, la communication de la pensée par tous les moyens possibles; LA RECHERCHE DU BIEN-ÊTRE ET LA RÉSISTANCE A L'OPPRESSION. »

Ce député, c'était La Fayette; nous ne nous étonnons donc pas quand nous le retrouvons en 1830, non-seulement commandant en chef de la Garde nationale, mais l'arbitre d'une révolution qui avait été faite par une classe de la société, sous prétexte de « *résister à l'oppression* » et dans le but avéré de conquérir la « *prépondérance,* » c'est-à-dire « *un plus grand bien-être.*

La Fayette ne resta pas longtemps d'accord avec les deux souverains qu'il venait de couronner : Louis-Philippe et la Garde nationale. Au bout de quelques semaines il donna sa démission de généralissime de la bourgeoisie parisienne. Pourquoi un changement aussi subit, pourquoi une pareille contradiction ?

C'est que la contradiction est le côté dominant du caractère de La Fayette.

Cet homme a évidemment de la générosité dans le cœur, mais son esprit s'abandonne à l'illusion, à l'utopie; une raison forte n'en vient pas modérer les élans irréfléchis.

De là l'imprudence dans ses théorics, l'indécision dans sa politique, l'hésitation dans sa conduite. Il craint la république et ne peut pas supporter la monarchie.

Quand l'autorité paraît solide, il trouve qu'elle est *l'oppression*, alors il la combat jusqu'à ce qu'il l'ait ébranlée; mais lorsque les fureurs révolutionnaires qu'il a favorisées se montrent à découvert, il se prend à les redouter, il veut remonter le courant, et rendre quelque force à l'autorité; mais quand il y réussit, il ne tarde pas à se retourner contre elle et à la combattre de nouveau.

Ainsi, en 1789, il trouve le pouvoir de Louis XVI *oppresseur*, et il prend le commandement de *l'armée de précaution* contre la Royauté. Plus tard, en face de la démagogie qui menace, il est effrayé par la République et voudrait sauver la Royauté. Mais il est trop tard, c'est le tour de la tyrannie. Après Robespierre, Napoléon. Après la terreur, le despotisme.

En 1814, La Fayette pense qu'il faut mettre un terme à *l'oppression*. Il vote la déchéance de l'empire et considère la restauration de la monarchie comme un progrès vers la liberté.

Mais un pareil gouvernement était encore trop oppresseur, il le combat à outrance dès 1818. Lorsqu'à la suite des fatales ordonnances commencent les troubles de juillet 1830, il quitte la campagne, revient à Paris, prend la tête du mouvement, et, jusqu'à ce que le succès soit pleinement assuré, semble disposé à proclamer la République.

Dès que la monarchie est définitivement vaincue, effrayé des vociférations de ceux qui demandent la proclamation de la République et des conséquences de cette proclamation, La Fayette s'arrête. Comme il le dit dans sa lettre de 1831 aux électeurs de Meaux, il pense que ce qu'il faut à la France, c'est « un trône populaire entouré d'institutions républicaines, tout à fait républicaines. »

Il n'est pas plus longtemps satisfait de sa deuxième œuvre, la royauté de Juillet, qu'il ne l'avait été en 1791 de sa première, la Garde nationale; il trouve les tendances du roi trop autoritaires. Louis-Philippe cesse d'être à ses yeux « la meilleure des républiques », il en rêve une autre, la vraie; une république qui ne soit pas seulement le triomphe de la classe bourgeoise, mais qui permette au peuple d'échapper à *l'oppression* et de *s'élancer vers le bien-être.* Jusqu'à sa mort (19 mai 1834), il fait une opposition constante à ce gouvernement qu'il avait fondé.

En résumé, La Fayette est un homme honnête, mais un esprit faux. Sa vie politique n'est qu'une longue suite d'erreurs. Il avait cru être l'apôtre de la liberté, le *metteur au point* de la Révolution, il n'a été qu'un des précurseurs du radicalisme. La chose la plus triste, c'est qu'il a fait école. Il est l'aïeul du *centre gauche*.

La Fayette méritait d'occuper une place toute spéciale dans cette étude. Il a été le créateur de la Garde nationale. Il est la personnification la plus éclatante des erreurs, des illusions et des préjugés qui ont rendu, pendant trop longtemps, cette institution chère à la France.

Après avoir jugé le général, nous allons revenir aux soldats, nous allons observer l'armée bourgeoise, sous le gouvernement qu'elle a édifié de ses propres mains!

L'observation donnera le même résultat que par le passé. En s'appuyant sur les faits, il sera facile de démontrer qu'aux époques les plus rapprochées de nous comme aux époques qui appartiennent à l'histoire, la Garde nationale a toujours offert les mêmes dangers et causé les mêmes malheurs.

L'emploi de la Garde nationale par Louis-Philippe et la conduite qu'elle a tenue sous le règne de ce prince, constituent, il faut le reconnaître, les arguments les plus forts en sa faveur. C'est l'époque où elle a été le mieux organisée, où les citoyens ont pris leur mission le plus au sérieux, et fait le service avec la plus grande régularité.

Il est juste de le dire aussi : lors des événements de 1832 et 1836, les gardes nationaux ont montré, pour la plupart, un courage et une décision qui ont puissamment contribué à sauver le gouvernement. On ne peut que s'associer pleinement aux éloges qui leur ont été prodigués pour leur conduite en ces circonstances.

En est-il de même au moment de la révolution de Février 1848? Non. La Garde nationale, très-indécise d'abord au milieu des cris de : Vive la Réforme! répétés pendant la journée du 22, se laisse bientôt entraîner par la minorité violente qui dès la première heure avait participé au mouvement. Dans la journée du 24, elle tourne en entier du côté du peuple et protége sur tous les points les efforts de l'insurrection.

Un homme, digne de toute confiance, me racontait dernièrement qu'il se trouvait par hasard le 24 février sur la place des Victoires, et qu'il avait vu arriver un escadron de cavalerie envoyé pour déblayer le terrain et rétablir la circulation. Les cavaliers essayèrent bien de faire leur devoir, mais les gardes nationaux se placèrent en face d'eux et croisèrent la baïonnette. Chefs et soldats, inquiets alors et démoralisés par cette attitude, arrêtèrent leur mouvement; cette hésitation fut le signal de la retraite.

Ce qui s'est passé place des Victoires s'est passé partout, c'est l'histoire de la révolution de 1848. Grâce au concours des gardes nationaux, le peuple put se livrer sans crainte à ses envahissements habituels : envahissement de la Chambre des députés, envahissement des Tuileries, envahissement de l'Hôtel de ville enfin, où il fallut l'éblouissant prestige d'un Lamartine pour sauver la France du drapeau rouge et de la démagogie.

Cette différence dans la conduite de la Garde nationale, selon les époques du règne, porte un grand enseignement. Elle prouve, que les gardes nationaux ne se considèrent jamais comme les serviteurs de la loi, et qu'ils s'érigent toujours en juges politiques.

Elle prouve, que s'ils ont défendu l'ordre et le gouvernement, en 1832 et 1836, ce n'est pas par sentiment de leur devoir légal, mais bien parce que leurs passions politiques d'alors étaient en opposition avec celles des insurgés républicains et socialistes. Au lendemain d'une révolution qu'ils avaient faite eux-mêmes, ils n'avaient pas encore subi l'influence de la presse, ils n'avaient pas été séduits par les idées de démocratie. Et alors, croyant défendre leur intérêt particulier, ils défendirent le gouvernement de Louis-Philippe. Voilà la vérité!

Il importe donc de le constater; cette contradiction de la Garde nationale abandonnant tout à coup un pouvoir qu'elle avait toujours soutenu, est un fait d'une extrême gravité. Il constitue l'argument le plus fort qu'on puisse opposer à cette institution.

Louis-Philippe, qui avait toujours flatté la bourgeoisie parisienne, comptait sur la Garde nationale. Il avait cru gagner les officiers en les invitant aux Tuileries et en leur donnant des croix; il fut atterré lorsqu'il apprit qu'elle avait tourné contre lui. Il n'avait pas prévu ce dénoûment qui lui paraissait impossible. Les biographes s'accordent à dire qu'à partir de ce moment le roi tomba dans un découragement complet.

En effet, cette circonstance a été capitale; la Garde nationale n'a pas seulement augmenté la force de l'insurrection, elle a doublé les difficultés du pouvoir : d'abord en lui retirant son appui ; ensuite, en paralysant les troupes par un exemple fatal et contagieux. On peut dire qu'elle a été l'instrument véritable de la chute de Louis-Philippe.

Le gouvernement de Juillet, né dans une révolution, est mort dans une autre. La Garde nationale l'avait fait en 1830; elle l'a détruit en 1848. A la naissance de ce gouvernement pas plus qu'à sa mort elle ne s'est préoccupée de la légalité. Elle s'est seulement occupée de faire prévaloir son sentiment. Le caprice, voilà sa loi. Il lui plaît d'édifier, elle édifie ; il lui plaît de renverser, elle renverse. Jusqu'alors elle avait été un obstacle perpétuel pour le pouvoir, mais un obstacle visible, prévu. En 1848 elle fut une embûche, un piége dans lequel est tombée la monarchie de Juillet. Cette circonstance est la meilleure preuve du danger que présente la Garde nationale, et la condamne sans appel.

Mettre le pouvoir dans Paris, exposé aux envahissements populaires, l'entourer d'une garde nationale et provoquer l'agitation : telle est la méthode assurée pour produire une révolution.

CHAPITRE XIV

La Garde nationale sous la République de 1848. — Envahissement de la Chambre au 15 mai. — Insurrection de juin. — Coup d'État.

Le 24 février 1848, la République fut proclamée, le suffrage universel établi. La conséquence du nouveau régime fut d'introduire dans la composition de la Garde nationale de très-notables changements.

Toute la population virile fut armée; on crut faire ainsi un grand acte d'habileté et de justice. Nous allons voir ce que cette mesure a produit.

Dans le premier moment de surprise, la proclamation de la République avait suffi au peuple parisien. Fasciné par l'éloquence de Lamartine et par la poésie de sa politique, ce peuple n'abusa pas de sa victoire.

Mais, le radicalisme d'alors montra bientôt des prétentions nouvelles; il arriva ce qui doit arriver fatalement toutes les fois que nous serons en *république*. A la faveur des immunités de ce régime, les radicaux menacèrent de détruire à leur profit la *république conservatrice*.

Dans ce but, ils organisèrent une série d'attaques contre l'ordre social. Les plus célèbres eurent lieu dans la journée du 15 mai et les journées de juin.

Je pourrais, à propos du 15 mai, entrer dans beaucoup de détails; je pourrais dire comment l'Assemblée a été envahie et le gouvernement provisoire un instant détruit, comment ensuite l'Assemblée a été délivrée et le gouvernement rétabli.

Je pourrais apprécier le rôle de la Garde nationale dans cette circonstance.

Je pourrais enfin, à côté des chefs qui ont faibli, citer les noms de citoyens qui ont généreusement payé de leur personne, des noms mêmes qui me sont particulièrement chers.

Cette narration ne me paraît pas indispensable; elle m'exposerait d'ailleurs à sortir de la réserve que je me suis imposée.

Il me suffira donc de constater le fait saillant de cette journée : l'*envahissement populaire*, et d'en tirer la leçon qu'il contient.

La pression du peuple sur le pouvoir par l'envahissement des Assemblées, se produit sous tous les gouvernements qui siégent à Paris : monarchies ou républiques. Mais sous la République, les envahissements sont beaucoup plus fréquents, ils passent à l'état régulier, ils constituent le moyen ordinaire de direction de la plèbe parisienne.

Tantôt, l'envahissement est complet comme au 15 mai, et la démagogie menace de triompher d'un seul coup. Tantôt, le peuple massé autour de la Chambre se contente de vociférer et cherche ainsi à peser sur les délibérations. Alors, c'est seulement le désordre ; comme de pareilles scènes se renouvellent tous les jours, c'est le désordre en permanence. Du désordre en permanence sort l'insurrection.

L'insurrection de juin 1848 fut terrible ; elle est l'événement considérable de l'époque, celui qui a le plus influé sur les destinées de la République.

Au point de vue de notre sujet, c'est-à-dire de la Garde nationale, cet événement sert de base aux opinions les plus erronées.

On se souvient avec émotion de l'empressement si honorable avec lequel les bons citoyens, de tous les âges et de toutes les situations, sont accourus à la défense de l'ordre social menacé.

Devant cette conduite, par admiration, par un entraînement de cœur tout français, on ne cherche pas à établir quel a été leur rôle véritable, on se contente de dire : C'est la Garde nationale qui a sauvé l'ordre au mois de juin 1848, et on se croit obligé à la reconnaissance envers une institution qui a produit un si utile résultat.

Examinons quelle est la vérité.

Je veux déclarer tout d'abord que je ne viens pas contester la conduite généreuse des braves gens qui ont exposé leur vie contre les factieux. Il est impossible de ne pas honorer leur dévouement; ce serait manquer au devoir que de ne pas leur rendre un éclatant hommage. Les personnes sont complétement en dehors du débat.

Cela bien établi, il faut reconnaître que si l'insurrection de Juin a été si terrible et le courage des bons citoyens si nécessaire, c'est que dans les rangs des ennemis de l'ordre social il y avait au moins 40,000 gardes nationaux. Ce chiffre est le chiffre officiel des fusils de l'État enlevés aux insurgés.

Il faut reconnaître encore que la garde mobile, qui était une institution distincte de la Garde nationale, a concouru aussi à la défense de l'ordre avec la plus grande énergie.

Il faut reconnaître enfin que l'insurrection n'a pu être vaincue que lorsque les troupes régulières sont venues joindre leurs efforts à ceux de la Garde nationale et de la garde mobile.

Ainsi, par son existence seule, la Garde nationale a été cause, sinon de l'insurrection elle-même, du moins de la force extraordinaire qu'elle a pu montrer.

Malgré la bonne volonté du plus grand nombre, malgré l'héroïsme et l'audace de ces jeunes gardes mobiles, dont la discipline et la caserne avaient presque fait des soldats, la Garde nationale fit de vains efforts pour arrêter les progrès de l'insurrection, elle fut obligée d'attendre deux jours l'arrivée des troupes de ligne demandées en toute hâte.

L'élément décisif de la victoire de l'ordre a été l'armée, cette même armée qui nous sauvait encore récemment d'une insurrection mille fois plus dangereuse et plus exécrable que l'insurrection de juin.

On ne peut donc pas dire : C'est la Garde nationale qui a sauvé l'ordre en 1848.

La vérité, c'est que les gardes nationaux se sont, en majeure partie, très-bien conduits et qu'ils ont contribué à la défaite du socialisme. Néanmoins, s'ils eussent été livrés à leurs seules forces, ils eussent été impuissants et le triomphe momentané de la démagogie eût été assuré!

La vérité, c'est que le service rendu à l'ordre par les honnêtes gens n'a pas compensé le mal causé par ces 40,000 hommes qui, grâce aux vices de l'institution, ont pu à leur gré devenir l'instrument le plus redoutable de l'insurrection. Or, cette insurrection a été la cause, non-seulement du désordre matériel inséparable de tout conflit social, mais du désordre moral qui n'a pas tardé à régner dans les esprits; désordre qui a poussé trop de Français à confondre la liberté avec la licence, la légalité avec l'anarchie, la force avec le droit; désordre qui a entraîné les honnêtes gens à abdiquer leurs souvenirs, leurs traditions et leurs espérances les plus légitimes, pour s'unir dans la peur et faire triompher les aventures!

La Garde nationale a donc été fatale à la *république conservatrice* comme à la monarchie.

Ce qui prouve une fois de plus son indifférence

pour la loi, c'est sa conduite au moment du coup d'État. Elle n'avait pas essayé d'empêcher le 18 brumaire, elle n'essaya pas d'empêcher le 2 décembre!

Sur les cinq gouvernements dits monarchiques possédés par la France depuis 1789, la Garde nationale en a renversé trois; chose remarquable, ce sont les trois monarchies constitutionnelles! Quant aux deux despotismes, non-seulement elle n'a pas été l'instrument de leur chute, mais elle n'a même pas tenté de prévenir leur établissement, et de défendre contre eux cette république légale dont on prétend qu'elle est le champion naturel et indispensable!

CHAPITRE XV

La Garde nationale sous Napoléon III. — Illusions qu'elle inspire. — Ses mauvaises tendances vers la fin du règne.

La Garde nationale, nous l'avons vu, ne s'était point opposée au coup d'État du 2 décembre. Elle participa même, comme le reste de la population, aux scènes diverses qui préparèrent le rétablissement de l'Empire. Ses acclamations se mêlèrent à celles des soldats et de la foule pour saluer le *sauveur* qui devait finir, avec les illusions de la France, à Sedan. Elle n'a toutefois aucune responsabilité particulière dans l'avénement de l'Empire.

L'Empire est l'œuvre du suffrage universel. La France, habilement placée entre l'anarchie ou la servitude, n'a pas hésité un instant; elle a suivi la force, acclamé le maître. On sait ce qui en est résulté; on sait moins ce qu'il en faut conclure.

Certains hommes croient que les jouissances

matérielles compensent tout le reste; ils nous présentent le procédé d'où le régime impérial est sorti, comme un principe merveilleux, seul capable de nous sauver encore.

D'autres leur répondent : « L'Empire est peut-être préférable à la République, mais le système plébiscitaire n'est qu'une ironie. Autant vaudrait dire à des électeurs : Votez de telle façon sous peine de mort ou de confiscation. Quant au suffrage universel, après avoir signé pendant vingt ans la décadence de notre pays, il est en train d'en signer la mort. »

Les philosophes vont plus loin encore : « Une république troublée, disent-ils, peut compromettre les intérêts matériels, cependant la lutte maintient debout les cœurs et les consciences ; le despotisme au contraire inocule toujours aux peuples qui le subissent, un poison tantôt violent, tantôt insensible, qui dans tous les cas s'infiltre dans leur sang pour le décomposer et s'appelle corruption. »

Il est peut-être difficile d'atteindre à l'abnégation des philosophes, mais à coup sûr, lorsqu'on raisonne avec sincérité, il est plus difficile encore de croire au principe de la souveraineté *absolue* du peuple et, par conséquent, à cette théorie du suffrage universel, *direct* et *plébiscitaire*, que la théorie de la Garde nationale peut seule égaler en fausseté.

L'empereur Napoléon III, on doit lui rendre cette justice, était très-peu sympathique à l'institution de la Garde nationale : il en savait tout le danger.

Néanmoins, ce prince connaissait les susceptibilités des habitants de la capitale et se souvenait du mal qu'ils avaient fait à la Restauration ; il voulut leur donner la consolation de posséder un débris de la création de 1789, et il résolut d'organiser quelques bataillons de Garde nationale qui formèrent un effectif d'environ 30 à 40,000 hommes.

C'était peu, relativement au chiffre de la population; c'était beaucoup, au point de vue politique, car on ne pourrait pas dire ainsi que la Garde nationale n'existait pas.

Ces bataillons furent composés d'hommes choisis, dans lesquels on devait avoir toute confiance; les officiers furent nommés par l'empereur. Dans les premières années on rechercha même des dévouements à toute épreuve. Plus tard, on fut moins difficile, et il est certain que pour éviter les ennuis de la faction et du corps de garde, des hommes très-indépendants ont accepté des grades dans l'institution.

Toutefois, lorsqu'ils endossaient par hasard l'uniforme et assistaient aux réunions officielles de l'état-major, ils devaient se considérer comme des gens auxquels on demande, non pas un *service* mais des *compliments;* ils n'avaient d'autre alternative que de mêler leur voix au concert de louanges réclamées pour le pouvoir, ou bien de se taire ; il en est qui, à cette époque, ont fort peu parlé.

L'attitude convenable était au besoin rappelée à chacun, à mi-voix, par tel ou tel personnage de second ordre. Quant aux chefs supérieurs, ils montraient tous une bienveillance, une bonhomie, une amabilité même à laquelle il est impossible de ne pas rendre un complet hommage.

Ces allures de convention étaient faites pour impressionner les anciens officiers ; elles contrastaient singulièrement avec la franche indépendance qu'ils avaient trouvée dans l'armée.

Certes, on peut adresser bien des critiques au système militaire d'alors ; on peut, avec plus ou moins de raison, accuser les officiers d'ignorance et de légèreté; on ne les accusera pas de servilité politique. On peut même dire qu'on trouvait chez eux une liberté de langage et d'opinion qu'on aurait vainement cherchée ailleurs.

Et cependant, cette armée d'hommes indépendants était une armée absolument sûre. Sa valeur scientifique peut être contestée, son courage et sa fidélité sont au-dessus de la critique.

Même sous l'Empire, l'armée n'a pas été directement mêlée à la politique; dans son sein le devoir professionnel a toujours dominé les tendances particulières de l'individu.

Aux chefs suprêmes, la responsabilité des ordres qu'ils donnent; aux subordonnés, le devoir d'obéir sans discuter : tel est le principe de notre armée.

En face d'une pareille institution, les pouvoirs les plus ombrageux ne songent même pas à peser sur les consciences.

Dans la garde nationale, au contraire, il n'y a pas de principe tutélaire; *l'opinion* est tout, elle traîne à sa remorque ceux qui ont mission de commander; voilà pourquoi les hommes de l'empire tenaient tant à diriger cette *opinion!*

Le maintien de la Garde nationale avait été

décidé comme une mesure politique indispensable, à l'égard des habitants de Paris, mais on voulait autant que possible en corriger les inconvénients.

Malgré toutes ces précautions, l'Empire était résolu à ne jamais se servir de la Garde nationale. On lui faisait passer de temps en temps quelques revues, mais on ne lui confiait aucun poste d'honneur, ni au Corps législatif, ni aux Tuileries. Elle occupait en tout deux postes, l'un à l'Hôtel de ville, conjointement avec la garde municipale, et l'autre à l'état-major, place Vendôme; encore les jours de fête ces postes étaient-ils supprimés.

Les méfiances de l'Empire étaient légitimes. La Garde nationale est destinée d'une manière si fatale, à subir les mouvements de l'opinion, qu'un travail latent s'opéra dans les bataillons de choix du second Empire.

Dès 1869, des actes très-sérieux d'indiscipline se manifestèrent dans leur sein. Je ne citerai qu'un fait.

Le poste de l'état-major de la Garde nationale, place Vendôme, était ordinairement composé d'environ trente à quarante hommes; un jour, à l'époque dont je parle, j'ai vu arriver les officiers avec *huit* hommes. L'absence des autres était une protestation, organisée par le bataillon tout entier, contre certaines mesures prises par l'autorité supérieure.

Cet incident fit beaucoup d'impression en haut lieu. On s'était répété pendant longtemps : « La Garde nationale a un esprit excellent » ; on s'aperçut tout d'un coup qu'elle renfermait les germes de l'opposition la plus accentuée. En face de pareils faits, on fut obligé de licencier quelques compagnies et même un bataillon.

Ces mesures produisirent mauvais effet. Certainement, si l'Empire avait duré, la Garde nationale serait devenue pour lui un très-gros embarras.

Ce qui prouve bien du reste l'esprit qui animait les gardes nationaux, c'est la facilité avec laquelle beaucoup d'anciens bataillons ont salué la révolution du 4 septembre.

Ce qui le prouve encore, c'est un incident caractéristique qui s'est produit à l'état-major au lendemain de cette révolution.

Le poste était occupé par des gardes d'un ancien bataillon de l'Empire, d'un de ceux sur lesquels on croyait pouvoir le mieux compter ;

c'était le moment où les personnes qui craignaient le siége commençaient à quitter Paris. Ordre fut donné aux factionnaires de laisser circuler librement avec leurs bagages les locataires qui, conjointement avec l'état-major, occupaient l'hôtel de la place Vendôme. Cet ordre était bien naturel, il était la conséquence d'un droit absolu, incontestable. Néanmoins, excités par un ou deux meneurs avinés, les gardes nationaux refusèrent de s'y soumettre et croisèrent plusieurs fois la baïonnette sous le nez des chevaux de l'omnibus prêt à sortir.

Il fallut décharger les caisses, il fallut même en ouvrir plusieurs pour convaincre ces forcenés qu'elles ne contenaient ni or, ni plans militaires destinés aux Prussiens.

Les gardes nationaux, destinés à protéger l'état-major, ne se contentèrent pas de méconnaître son autorité, ils proférèrent contre ses membres des menaces terribles. Ils allèrent même jusqu'à prendre au collet et bousculer assez violemment un officier dont le haut grade militaire leur avait cependant été indiqué : tout cela, sous prétexte que l'état-major était suspect parce qu'il avait été nommé par l'Empire.

Les témoins de cette triste scène s'interposèrent et finirent par ramener le calme; mais ils peuvent bien dire, sans être accusés de parti pris : « Non, la Garde nationale n'est pas une institution avouable, c'est le fusil au service des entraînements du peuple ! »

Ce fait absolument authentique était assez grave pour mériter d'être cité; il est très-instructif. Il montre qu'au point de vue politique, la situation de Napoléon III vis-à-vis de la Garde nationale ne valait pas mieux que celle de Louis-Philippe. Il montre encore que lorsque la Garde nationale est agitée par une passion, c'est cette passion seule et non l'autorité, qu'elle est capable de soutenir. Non contente alors de violer les lois politiques, elle ne respecte même plus les lois qui consacrent les droits des citoyens et protégent leur liberté.

Pour être juste, au blâme il faut sans marchander ajouter l'éloge. Pendant toute la durée du siége, les anciens bataillons ont été pour la plupart admirables de patriotisme. Ils se sont promptement disciplinés, ils ont été la base première du service aux remparts, et ont formé le fonds de cette armée d'honnêtes gens grâce à laquelle les passions démagogiques ont été à peu près contenues.

Pourquoi, plus tard, cette armée de l'ordre a-t-elle semblé dissoute? Après avoir eu le courage et le dévouement, pourquoi n'a-t-elle pas eu la persévérance? Après avoir montré quelque discipline, pourquoi n'a-t-elle pas répondu à l'appel de ses chefs?

Ce n'est pas par crainte certainement, ce n'est même pas par indifférence; c'est par irréflexion, par légèreté, c'est par un sentiment fatal, inhérent à l'état de garde national, état maladif en vérité, qui obscurcit presque toujours, dans un moment ou dans un autre, la notion du devoir.

Plus on étudie la Garde nationale, plus on se convainc qu'elle repose sur une utopie désastreuse!

Vouloir appuyer l'ordre et la loi sur cette institution, c'est comme si on voulait appuyer la religion sur les libres penseurs. Les gardes nationaux n'ont jamais été et ne seront jamais que des *libres soldats !*

CHAPITRE XVI

La Garde nationale pendant le siége de Paris. — Révolution du 4 septembre. — Organisation d'une Garde nationale universelle. — Les abus qui en résultent.

L'Empire, on peut bien le dire sans entrer dans la politique, était tombé à Sedan.

Les hommes de bonne foi, qui se trouvaient alors à Paris et qui n'ont pas oublié, reconnaîtront pour la plupart que la dynastie napoléonienne ne pouvait pas être sauvée.

Néanmoins, le Corps législatif était réuni; il représentait, au point de vue légal, les sentiments du pays; c'était à lui de dire au gouvernement, fondé sur la volonté populaire, quelle était alors cette volonté; c'était à lui de pourvoir aux premières nécessités de la situation.

Mais, le 4 septembre, il ne s'agit pas d'un changement de personnes, d'une transformation aussi légale que possible; nous sommes en face d'une révolution.

Aucun des caractères habituels ne manque :

Envahissement de la Chambre dont les membres ne peuvent plus délibérer ;

Envahissement de l'Hôtel de ville et proclamation de la République ;

Enfin, intervention de la Garde nationale en faveur du mouvement révolutionnaire ;

Sans compter les chants de la *Marseillaise,* les vociférations de toutes sortes et les cris de : *Vive la République !* indispensables en pareille circonstance.

Qui a vu une révolution les a vues toutes. Rien n'est plus merveilleux que la facilité avec laquelle les choses se passent. Avec le gouvernement dans Paris, un peu de Garde nationale et la foule des curieux qui ne manque jamais, le coup est sûr.

Il faut avouer même qu'en fait de révolution, le 4 septembre est le modèle du genre. Pas une goutte de sang n'a coulé. Hélas ! ce n'était qu'un sursis, sursis de six mois, pendant lequel les républicains ont achevé la France au lieu de la sauver, et ont fait litière de tous nos droits au lieu de nous rendre la liberté; sursis qui s'est terminé avec les succès sataniques de la démagogie dans le sang et le pétrole de la Commune!

J'ai dit que la Garde nationale avait sa responsabilité dans la révolution du 4 septembre ; je ne prétends pas pour cela accuser les anciens bataillons en général. Ce que je constate, c'est que certaines fractions, les plus nouvelles sans doute, ont favorisé le mouvement, et que les autres ont été, comme toujours, impuissantes à le contenir.

La révolution commencée au Corps législatif se termina, selon l'usage, à l'Hôtel de ville.

Une question allait s'agiter. A qui le mouvement profiterait-il? Serait-ce aux républicains modérés ou aux ultras du radicalisme? La question était très-grave à la veille d'un siége, car le triomphe du radicalisme, c'était fatalement la guerre civile, et dès lors, l'impossibilité de la résistance.

On sait ce qui arriva : la députation parisienne réussit à s'organiser en gouvernement ; elle refusa tout pourparler avec les autres membres du Corps législatif, mais elle s'efforça par d'autres moyens de rallier la population ; elle fit entendre des paroles de concorde et de modération, s'appela le gouvernement de la Défense nationale, et enfin, mit à sa tête un général dont le nom devait être une garantie auprès des honnêtes gens.

Les honnêtes gens surmontèrent en effet toutes leurs répugnances; leurs tendances politiques s'effacèrent devant leur patriotisme, et ils ne demandèrent plus qu'à concourir à la défense de la capitale.

Comment cette défense fut-elle organisée? Le problème était difficile à résoudre. On se trouvait en présence d'une population surexcitée qui demandait à grands cris des armes; les lui refuser c'était amener une émeute! Or, il n'y avait aucune force sérieuse pour résister à cette émeute : le triomphe des factieux eût été le triomphe de l'étranger.

On fut amené à adopter un système de concessions, qui dura pendant tout le temps du siége et produisit souvent de bien tristes résultats.

L'Empire avait formé une Garde nationale d'élite composée de soixante bataillons; on laissa subsister ces bataillons, qui, malgré l'élection introduite, restèrent excellents (tout au moins par leurs intentions), et formèrent le noyau de la résistance; mais, on décida d'organiser autour de ce noyau une Garde nationale universelle, on posa le principe d'une indemnité de 1 fr. 50 pour les gardes nécessiteux, et les maires furent chargés des incorporations.

Les demandes d'inscriptions arrivèrent en foule. Soit difficulté d'avoir les renseignements nécessaires, soit crainte de compromettre leur popularité, soit complicité morale avec les insurgés de l'avenir, les municipalités introduisirent dans les cadres de la Garde nationale un nombre considérable d'hommes flétris par toutes sortes de condamnations.

Un pareil recrutement constituait à lui seul un immense péril; ce péril fut encore aggravé par le mode d'incorporation.

De peur de désorganiser et de trop agrandir les cadres existants, les hommes nouvellement recrutés ne furent pas versés dans les anciens bataillons. Aussitôt que les registres d'inscription avaient fourni un nombre d'hommes suffisant, on formait dans le quartier un nouveau bataillon, de telle sorte que très-fréquemment, les habitants de la même maison faisaient partie de bataillons différents.

Cette manière de procéder satisfit pleinement la classe supérieure; elle laissait aux bourgeois l'agrément d'être réunis entre eux dans les anciens corps, mais elle offrait l'inconvénient de livrer à eux-mêmes, et sans contre-poids, les hommes des classes inférieures. Elle établissait, en outre, entre les gardes une distinction qui fut la cause de jalousies regrettables.

Tout se faisait alors avec une rapidité fébrile. Dès qu'un bataillon était trouvé, on lui donnait un numéro et on procédait à l'élection des officiers. Il faut le reconnaître, la plupart du temps les électeurs n'avaient pas le temps de se consulter.

Néanmoins, dans les arrondissements du centre la plupart des choix furent convenables, beaucoup même excellents. Dans d'autres quartiers, les gardes nationaux, trompés sur la valeur des candidats ou entraînés par leur passion politique, firent des choix véritablement honteux: élevant parfois jusqu'aux plus hauts grades des hommes notoirement connus par l'immoralité de leur conduite et par la dégradation de leur caractère.

Les sentiments patriotiques des électeurs populaires furent exploités avec la plus audacieuse habileté. Un ambitieux de la pire espèce voulait-il réussir, alors même qu'il n'avait pas servi, il invoquait son titre d'ancien soldat, se créait des états de services imaginaires, et, complétant la fascination par quelques gestes dramatiques et quelques lieux communs déclamatoires, il se faisait acclamer chef de bataillon.

Des nominations semblables exercèrent une fatale influence. C'était un spectacle scandaleux de voir des hommes tarés, bandits de la politique ou du droit commun, revêtus d'insignes honorables. En outre, ces chefs vicieux prirent sur leurs hommes un empire que les défenseurs de l'ordre ont rarement obtenu. En face du suffrage universel de la Garde nationale comme en face du suffrage universel politique, il faut le plus souvent, pour devenir un chef populaire, se traîner à la remorque des passions, des ignorances et des préjugés des masses!

Dès que les chefs de bataillon étaient nommés, ils n'avaient qu'un désir, celui d'obtenir des armes pour leurs hommes, et ils accouraient tous à la fois à l'état-major pour en demander.

Les mobiles qui inspiraient les chefs de corps étaient pourtant bien divers : les uns étaient poussés par un patriotisme réel et un amour-propre légitime, les autres étaient évidemment guidés par un calcul politique.

Ces derniers, qui n'auraient jamais dû rien obtenir, obtinrent le plus de faveur.

L'autorité supérieure, quoique nettement républicaine, n'était certainement pas complice des futurs agitateurs, elle l'a bien prouvé depuis. Mais, ces hommes la séduisaient quelquefois par l'élan indicible avec lequel ils prononçaient les mots de patrie, de combat, de République; souvent ils arrivaient munis de très-hautes recommandations; ils effrayaient enfin par leur audace. Le principe admis fut qu'au prix même des plus grandes concessions, il fallait éviter tout conflit. C'est ainsi que Flourens et les autres arrivaient à leurs fins!

Le service de l'armement recevait l'ordre de s'occuper en toute hâte de ces privilégiés; les hommes de bien qui avaient accepté la charge de ce service étaient obligés d'obéir. Malgré les plus tristes pressentiments, ils ne pouvaient s'empêcher de donner des armes de choix aux forces qui devaient faire le 31 octobre, le 22 janvier et la Commune !

Ainsi furent successivement formés 260 bataillons, dont l'effectif a dépassé 300,000 hommes !

Avec ces 300,000 hommes, mélange de toutes les classes sociales, reflet de toutes les fluctuations d'une opinion surexcitée, il fallait pourvoir à tous les services d'ordre intérieur et de défense militaire. Un mot seulement sur ce dernier point.

Après avoir essayé en vain du système des volontaires, on décida que chaque bataillon serait divisé en deux : le bataillon volontaire qui pourrait avoir un effectif constamment variable, et le bataillon de marche dont l'effectif devait être de 400 hommes, dans tous les bataillons de 1,200 hommes et au-dessous, et de 500 dans tous les bataillons au-dessus de 1,200 hommes. Mais la composition du personnel était très-différente; il en résulta que dans certains bataillons presque uniquement formés de jeunes gens, des célibataires de trente ans ne firent pas partie des compagnies de marche, tandis que dans certains autres, on fut obligé pour former ces compagnies de descendre jusqu'aux hommes mariés avec enfants.

Pour remédier à une aussi choquante inégalité, les chefs des meilleurs bataillons, des bataillons de bourgeois, de pères de famille, complétèrent leurs compagnies de guerre avec de nouveaux incorporés, hommes jeunes, encore disponibles, qu'on allait *dépister* partout où l'on pouvait.

Le résultat fut médiocre. Les nouveaux venus avaient généralement un assez mauvais esprit. Ils exercèrent une funeste influence sur leurs camarades. On pourrait citer tel chef d'un excellent bataillon, qui disait pendant les dernières crises du siége : « Ne me demandez pas mes compagnies de marche. Franchement, je ne puis pas compter sur elles à l'intérieur ; elles seraient capables de me déranger les autres. »

Comme on le sait, il n'entre pas dans le cadre de ce travail de juger la Garde nationale au point de vue militaire. Le jugement du reste est formé depuis longtemps sur ces bandes de volontaires républicains de 1793, si faussement glorifiées. Il a été confirmé avec une grande autorité, à la tribune même de l'Assemblée nationale, à propos de la récente intervention des gardes nationaux dans la lutte autour de Paris. Ce jugement, tout en rendant un éclatant hommage au courage individuel de beaucoup de gardes, et à la fermeté même de plusieurs bataillons, conclut énergiquement contre l'institution. C'est l'évidence même [1].

Ce qui importe à notre sujet, c'est de montrer les difficultés sans nombre que l'on a rencontrées pour assurer l'ordre avec un instrument pareil !

La police n'existait plus, on fut obligé de confier le soin de la sécurité publique à la Garde nationale. On s'adressa naturellement, pour ce service, à des fractions aussi bien choisies que possible; elles déployèrent certainement beaucoup de zèle, mais un zèle qui dégénéra trop souvent en exagération fâcheuse.

C'est là un des grands inconvénients pratiques de la Garde nationale. Lorsque l'ordre donné ne lui convient pas, elle n'hésite pas à l'enfreindre et même à s'insurger contre ses prescriptions; mais quand l'ordre est en harmonie avec sa passion, elle l'exécute avec une rigueur, une violence même que l'on rencontre rarement à ce degré chez les troupes régulières.

A cette époque, les espions prussiens étaient l'objet des préoccupations publiques. Il suffisait d'être blond, d'avoir des manières ou un costume un peu étranges, ou bien encore de parler

[1] Voir à l'*Appendice* une série de documents officiels à l'appui.

le français avec un accent quelconque, pour être immédiatement arrêté comme espion et traîné au poste, au milieu des vociférations et des menaces de la foule.

Le nombre des arrestations faites de la sorte est incalculable :

Un jour, c'est un cavalier de la Garde nationale. Croyant circuler plus librement, ce garde était parti à cheval et en uniforme pour visiter les travaux de défense du bois de Boulogne. Quelle erreur! il avait des favoris roux; on lui trouve l'air allemand, on l'arrête et on l'amène à l'état-major. Il prouve son identité, mais en face des clameurs du dehors, il est obligé d'attendre plusieurs heures avant de rentrer à son domicile.

Le lendemain, c'est un médecin américain, qu'on a peut-être arrêté dix fois à cause de son accent.

Un autre jour, c'est une femme, une institutrice qui est accusée d'être un espion prussien, parce qu'elle a des chaussures d'homme. Ainsi chaussée, par originalité ou par dénûment, elle se rend place de la Concorde près de la statue de Strasbourg, où l'attirait son patriotisme, exalté par toutes sortes de lectures. Elle se mêle à la foule des manifestants; mais un gamin voit ses pieds et s'écrie : *C'est pas une femme, c'est un espion prussien!* Ce mot suffit, on l'entoure, on l'arrête, on menace de l'écharper; les gardes nationaux l'amènent à l'état-major, suivie de trois ou quatre mille personnes qui, malgré son aspect tout féminin et le son de sa voix, continuent de crier : C'est pas une femme, c'est un espion prussien. Il fallut beaucoup de dextérité pour éloigner les gardes nationaux qui avaient amené cette femme, et pour la sortir elle-même du mauvais pas où l'avait entraînée sa chaussure anormale.

Place Vendôme, un jour où plusieurs milliers d'hommes étaient de piquet, les faisceaux formés, des gardes nationaux d'un bataillon un peu avancé se ruèrent sur un garde national d'un autre bataillon, et voulurent le conduire au poste, parce que les entendant crier : *Vive la République!* il avait répondu par le cri : *Vive la France!* Il a crié : *Vive la France!* donc c'est un Prussien, un traître! L'intervention énergique et indignée d'un officier d'état-major parvint seule à calmer ces furieux.

Voilà des exemples d'arrestations ridicules; on pourrait en citer plusieurs d'arrestations criminelles : telle fut celle d'un maréchal de France, accusé de trahison, qui fut amené depuis les fortifications jusque chez le gouverneur, au milieu d'une foule en délire, protégé à grand'peine par un officier supérieur de la Garde nationale ; telle fut aussi celle d'un général commandant de secteur, que ses propres hommes arrêtèrent aux remparts, sous prétexte qu'il n'était pas assez républicain !

Quant à des arrestations justifiées, qui donc dans la Garde nationale pourrait en citer une seule? Les véritables espions n'étaient pas, hélas ! où les cherchait ce peuple en démence !

Les gardes nationaux, avec de très-bonnes intentions, portaient donc de fréquentes atteintes à la liberté individuelle, par des arrestations arbitraires.

Ils en portaient d'aussi fréquentes, et avec la même bonne foi, à la liberté du domicile, par des perquisitions arbitraires. D'après l'opinion répandue alors, les espions faisaient des signaux à l'ennemi, la nuit, avec des lumières. Les gardes nationaux, en passant le soir dans les rues, inspectaient des yeux les fenêtres. Dès qu'ils voyaient une lumière remuer, ils se disaient :

c'est un signal aux Prussiens; ils montaient avec précipitation les étages, envahissaient l'appartement, et apportaient un désordre facile à comprendre dans l'honnête ménage prêt à s'endormir. La plupart du temps, ils étaient obligés de reconnaître eux-mêmes qu'ils s'étaient trompés, et ils s'en allaient désappointés en souhaitant bonne nuit à leurs victimes. D'autres fois, ils faisaient des rapports effrayants dont on était forcé de leur démontrer l'absurdité. Mais, tout cela ne les découragea pas, et pendant quelques semaines, ils n'en continuèrent pas moins leurs malencontreuses perquisitions.

Si je suis entré dans quelques détails, c'est qu'il m'a paru important de ne pas m'en tenir à des affirmations vagues. J'ai voulu m'appuyer sur des faits positifs, pour démontrer que, même dans les rares circonstances où les gardes nationaux soutiennent nettement la loi, ils n'en sont pas moins de très-dangereux auxiliaires : ils en méconnaissent les garanties et les formes protectrices.

Cette omnipotence de la Garde nationale eut l'immense inconvénient de favoriser tous les caprices démagogiques, et de permettre à certains chefs de bataillon de violer impunément la loi.

Malgré des défenses formelles et réitérées, les meneurs dont il s'agit avaient pris l'habitude de réunir leurs hommes au gré de leur fantaisie. De plus, dans le but d'exciter la population et de défier le gouvernement, ils saisissaient tous les prétextes pour faire des promenades militaires en armes à travers la ville.

Quelque dissimulées qu'elles fussent sous le voile du patriotisme, toutes ces démonstrations faites tantôt à la statue de Strasbourg, place de la Concorde, tantôt à la colonne de Juillet, place de la Bastille, tantôt même dans les cimetières, étaient absolument illégales et découvraient les mauvais desseins du radicalisme.

Le gouvernement comprenait la gravité de cette indiscipline, mais il cherchait en vain la sanction sur laquelle il pourrait appuyer son autorité ; il laissa faire.

Cette impuissance du pouvoir encourageait les perturbateurs. Ce qui ne les encourageait pas moins que le système des concessions officielles, c'était la tendance générale de l'esprit public à ce moment, qui repoussait comme antipatriotique toute pensée de répression capable d'entraîner l'effusion du sang. « Nous ne voulons pas tirer sur nos frères », tel était le mot consacré.

En face d'une pareille situation, les éventualités de l'avenir étaient redoutables. Si l'on était parfaitement sûr des bonnes intentions d'un grand nombre de bataillons, on était beaucoup moins certain d'en pouvoir obtenir un concours efficace contre le désordre !

CHAPITRE XVII

Le 31 octobre et ses conséquences.

La déplorable journée du 31 octobre, quoique terminée par l'échec des radicaux, avait montré tout le danger de la situation.

Dans ce jour, il avait suffi de 1,500 gredins de Belleville pour retenir pendant plus de douze heures le gouvernement prisonnier. Si Delescluze, qui disposait de la Villette, eût consenti à secourir Flourens et Blanqui à l'Hôtel de ville, c'en était fait du gouvernement de la Défense nationale, la Commune triomphait, et les Prussiens entraient dans Paris. La discorde des chefs nous sauva en donnant aux libérateurs le temps d'arriver.

Rien n'est plus compliqué que cette journée du 31 octobre qui a eu des phases si diverses; rien ne serait plus intéressant à raconter. Mais je me verrais forcément entraîné dans le domaine des personnalités que je ne veux à aucun prix aborder, d'ailleurs, on trouve dans les enquêtes parlementaires plusieurs dépositions qui relatent les faits. Ce que je veux retenir comme indispensable à mon sujet, c'est la conduite de la Garde nationale en cette circonstance. La conclusion qu'on doit en tirer est importante.

L'attitude de la Garde nationale le 31 octobre fût absolument conforme au sentiment public. La majorité des gardes nationaux regrettait vivement le coup de main dont le gouvernement était victime, elle désirait ardemment le triomphe de l'ordre; quant à y concourir par une intervention sanglante, cela lui paraissait impossible. De là une hésitation, et une incertitude dans le commandement, qui reculèrent jusqu'à trois heures de la nuit le dénoûment de l'échauffourée.

Pendant la journée, on appela quelques bataillons, on harangua les officiers. « Nous ferons tout ce que vous voudrez, répondaient-ils, mais nous ne tirerons pas sur nos frères. » On leur expliqua alors qu'une démonstration vigoureuse suffirait sans doute, et on les conduisit sur la place de l'Hôtel-de-Ville. Mais, après leur avoir fait mettre l'arme au pied, les chefs qui les avaient amenés allèrent successivement se faire prendre dans la souricière où était captif le gouvernement; ils laissèrent sans direction ces bataillons qui avaient besoin d'être enlevés. Ceux-ci, après des marches et des contre-marches répétées, finirent par rentrer dans leurs quartiers.

La Garde nationale restait sans chef, indécise, désorientée !

Enfin, vers le soir, en face d'une situation aussi périlleuse et qui menaçait de se prolonger indéfiniment, les officiers principaux, restés à l'état-major, se consultèrent. En l'absence de leurs chefs hiérarchiques, ils résolurent de solliciter de qui de droit un ordre précis d'agir. Cet ordre arriva, mais moins précis qu'on n'aurait dû s'y attendre et entouré d'une forme vague. Néanmoins, on n'hésita pas à l'interpréter dans le sens le plus vigoureux et on prit sur soi de faire battre la générale. En signant un pareil ordre, dans un moment où le succès était si douteux, on endossait une responsabilité assez méritoire !

Il ne m'est pas permis d'en dire davantage, je me suis imposé le silence absolu sur les vivants, pour l'éloge comme pour la critique; j'ai beau passer près de noms amis, près des souvenirs les plus généreux, il faut que je me taise; bien plus, il faut que je taise ces noms eux-mêmes et que j'oublie un instant ces souvenirs!

Les bataillons convoqués arrivèrent en grand nombre, on en dirigea plusieurs sur l'Hôtel de ville. Là, après bien des péripéties, deux chefs déterminés réussirent à forcer les portes et à entrer avec des fractions de leurs troupes. Après de nombreux incidents dont on retrouve la suite dans l'enquête, ces officiers commençaient à désespérer d'accomplir leur généreux dessein, lorsque l'arrivée d'un bataillon de mobiles, par les souterrains, vint changer la face des choses. Dès qu'ils reconnurent cet uniforme, les bandits de Flourens et de Blanqui s'enfuirent, ou plutôt s'envolèrent; le Gouvernement fut délivré.

De tout cela, quelle conclusion faut-il tirer? Hélas! toujours la même : pour la défense de l'ordre, la Garde nationale la mieux disposée est encore un instrument lent, incertain, insuffisant à lui seul, en résumé absolument inefficace.

Cette journée amena le Gouvernement à faire sanctionner son pouvoir par un plébiscite, mais elle entraîna des conséquences très-embarrassantes qui ont pesé sur la situation jusqu'à la fin du siége.

Il y avait eu de grands coupables, Flourens entre autres et Blanqui; qu'allait-on décider à leur égard? Le devoir strict était, sans nul doute, de les poursuivre impitoyablement; cependant, beaucoup de membres y répugnaient; rien ne put triompher de leur répugnance. En voici la raison.

Flourens sans doute avait conduit le mouvement et avait tenu le Gouvernement prisonnier avec ses hommes, les tirailleurs de Belleville, jeunes gens aux instincts féroces, qui allaient bientôt prouver leur lâcheté en s'enfuyant des tranchées en face de l'ennemi[1]; mais une fois ce succès obtenu, son attitude avait complétement changé.

Il passa la journée à calmer ceux qu'il avait excités le matin. Monté sur une table, il les haranguait sans cesse. Il leur fit lever plusieurs fois leurs armes abaissées pour coucher en joue les prisonniers. Embarrassé enfin d'un succès dont

[1] Voir à l'*Appendice* les documents officiels concernant la Garde nationale pendant le siége de Paris.

l'inimitié de Delescluze devait lui rendre l'usage très-difficile, il fit les plus grands efforts pour arriver à une transaction. Blanqui entra aussi dans cette voie. Ce qui est certain, c'est qu'à trois heures du matin, lorsque l'Hôtel de ville fut évacué et le Gouvernement délivré, la conciliation parut complète entre les envahisseurs et leurs prisonniers.

Ces derniers savaient bien que Flourens était un ennemi des plus dangereux, mais ils ne pouvaient se décider à prendre des mesures sévères contre celui qui leur avait sauvé la vie et auquel, dans un moment d'oubli, ils avaient peut-être promis l'impunité.

Du reste, l'arrestation du major de tranchée, le *colonel* Flourens, au milieu de ses légions, n'était pas chose facile et pouvait amener un conflit très-grave; on fut fidèle au système des concessions quand même, on ne fit aucune poursuite.

Nous entrons dans la période aiguë du siége. La présence des meneurs et leur impunité avaient encouragé leurs complices et excité l'audace de la démagogie.

Chaque soir les clubs se livraient à des violences effrayantes; ils vouaient à la mort par acclamation le gouverneur de Paris et ses collègues ; ils se séparaient en criant *Aux armes!* annonçant leur marche sur l'Hôtel de ville et l'état-major.

Les alertes ainsi données furent innombrables, elles étaient presque quotidiennes.

Les honnêtes gens, grâces à Dieu, comprirent la gravité de la situation, et leurs dispositions trop sentimentales jusqu'au 31 octobre devinrent très-positives. Les bons bataillons montrèrent un dévouement absolu à l'ordre. On était obligé d'user d'eux, d'en abuser même sans aucune mesure; néanmoins, ils vinrent toujours sans murmurer : il suffisait de faire appel à leur patriotisme pour être compris. Si leur conduite ferme n'a pas suffi pour empêcher tout désordre, elle a empêché du moins toute tentative redoutable.

Pendant cette phase les gardes nationaux honnêtes ont bien mérité de la patrie. C'est un hommage qu'on ne saurait trop leur rendre; il est l'expression sincère de la vérité.

La vérité exige aussi qu'à ce fait si honorable pour l'institution, on en oppose un autre accablant pour elle.

Pendant que les bons bataillons faisaient taire tout autre sentiment devant le patriotisme, les mauvais, en trop grand nombre, sacrifiaient le patriotisme à leurs odieuses passions politiques. Toutes les fois qu'ils pressentaient une grande opération militaire, ils préparaient un mouvement à l'intérieur, dans l'espoir qu'entre ces deux embarras le Gouvernement serait plus facile à renverser. Leur triomphe eût été le triomphe des Prussiens. On peut donc dire qu'ils étaient des traîtres, alliés de l'étranger; on peut d'autant mieux le dire, que depuis, ils ont complété les succès de l'ennemi, en faisant la Commune !

Et cela explique pourquoi, les jours de sortie, il n'y avait pas un plus grand nombre de gardes nationaux adjoints aux soldats.

En effet, ces mauvais bataillons étaient impitoyablement refusés par les chefs militaires qui ne voulaient pas avoir avec eux des coquins pareils, capables de tout, excepté du courage militaire et de la discipline[1]; il fallait donc les garder dans l'intérieur; ils étaient très-nombreux. Sans compter les égarés et les pervertis de la poli-

[1] Voir à l'*Appendice* les documents officiels concernant la Garde nationale pendant le siége de Paris.

tique, la Garde nationale comptait dans ses rangs, armés comme les autres, mieux armés souvent, environ 40,000 repris de justice en guerre ouverte avec la société.

A l'intérieur, il fallait donc faire face à une véritable armée ennemie, et pour cela, l'état-major était obligé de consigner aussi dans Paris toute une armée de braves gens qui auraient pu être utilement employés à l'extérieur. Oui, cela est cruel à dire, les Prussiens n'étaient pas tous au dehors; les plus capables d'abréger la durée du siége étaient même au dedans!

CHAPITRE XVIII

Buzenval. — La capitulation. — Désarmement des troupes et de la mobile.

L'état des esprits resta sensiblement le même jusqu'à la triste bataille de Buzenval. La fermeté des hommes d'ordre était soutenue par leur ignorance complète de la situation, par leur aveuglement sur l'issue finale.

Lorsque, à la suite du 19 janvier, ils virent leurs dernières espérances envolées, lorsqu'ils comprirent qu'on était à la veille de la catastrophe, ils ne cessèrent pas pour cela de soutenir l'ordre, mais ils ressentirent le découragement le plus douloureux, un découragement qui n'eut d'égal que leur indignation contre un gouvernement incapable de les défendre.

Aussi, le 22 janvier, les bons bataillons étaient-ils moins résolus que les semaines précédentes. Lorsqu'il s'agit de marcher au secours de l'Hôtel de ville, ils hésitèrent comme au 31 octobre, mais cette fois par un autre motif : ce n'était plus par fraternité pour des misérables, c'était parce qu'ils ne comprenaient pas l'utilité de défendre un gouvernement qui allait s'effondrer dans la honte d'une capitulation !

On réussit cependant à former une colonne; elle se mit en marche par les Champs-Élysées et la rue de Rivoli; lorsqu'elle arriva place de l'Hôtel-de-Ville, l'affaire était terminée. Deux décharges vigoureuses des mobiles bretons postés dans l'intérieur, avaient suffi pour balayer la place et chasser dans leurs repaires les fauves de la démagogie.

La promptitude de la répression, le 22 janvier, arrêta net l'insurrection; mais, il est impossible de ne pas remarquer que, cette fois, la Garde nationale n'avait même pas eu sa part dans le succès de l'ordre.

Enfin l'heure de la capitulation arriva, heure d'angoisse pour toutes les âmes françaises ! L'émotion fut à son comble dans la Garde nationale. Les bataillons absolument bons se contentèrent de gémir et de se livrer à une indignation qui n'était peut-être pas toujours très-juste, mais qui ne troublait pas l'ordre.

Les autres bataillons organisèrent des manifestations de toutes sortes, qui produisirent dans Paris une excitation générale. Les officiers se réunissaient, parlaient, criaient, vociféraient, puis circulaient à travers la ville, demandant *la guerre à outrance !*

Toutefois les meneurs restaient dans le vague et ne proposaient rien. Avant de prendre un parti extrême, ils attendaient de savoir, d'une manière positive, quel sort serait réservé à la Garde nationale dans la capitulation.

On crut un instant que cette garde serait désarmée; il y eut alors dans Paris un grondement terrible qui influa certainement sur les démarches du diplomate français, et probablement aussi sur la réponse d'un ennemi trop clairvoyant pour ne pas voir la Commune poindre à l'horizon!

Le lendemain, lorsqu'on apprit que non-seulement les armes seraient laissées aux gardes nationaux, mais que les soldats en seraient privés, la tempête s'apaisa comme par enchantement. Les espérances de la démagogie étaient dépassées, et les futurs héros de la Commune dissimulant la joie qu'ils avaient au cœur, ne songèrent plus qu'à profiter des circonstances, pour s'organiser de la manière la plus puissante. Ils laissèrent aux niais, aux idiots vulgaires, le soin de couvrir la retraite : pendant un jour ou deux, il y eut encore des manifestations grotesques des quémandeurs de *guerre à outrance.*

Mon sujet m'impose d'en raconter une :

Les outranciers avaient invité les officiers de la Garde nationale à se réunir au Grand-Hôtel ; naturellement les gens honnêtes restèrent chez eux, mais les autres vinrent en grand nombre. Après avoir divagué ensemble pendant quelques heures, les membres de cette illustre assemblée décidèrent d'aller porter eux-mêmes leurs conclusions au général commandant en chef de la Garde nationale.

Tous ces héros se dirigèrent vers l'Élysée où se trouvait alors l'état-major, et envahirent la cour d'honneur.

Clément Thomas, que l'on peut nommer ici puisque ces gens-là l'ont tué plus tard, arriva aussitôt. Il se plaça en haut du perron, entouré de son état-major, et prit immédiatement la parole. Il parla avec feu, exposa en vrai patriote les nécessités de la situation, et, en fin de compte, engagea fortement ses auditeurs à renoncer à des démarches où l'indiscipline le disputait à l'inconvenance.

La majorité écouta le général avec attention. Cependant son discours fut interrompu plusieurs fois, entre autres par un vieux capitaine d'un aspect singulier. Lassé de cette persistance et cédant à la vivacité habituelle de son caractère, Clément Thomas s'arrêta brusquement, saisit l'interrupteur par sa tunique, et, le hissant en un clin d'œil jusqu'à la plus haute marche, il lui cria : « Puisque vous voulez tant parler, parlez donc maintenant. »

Le bizarre personnage parut très-satisfait de l'occasion. Se tournant solennellement vers ses *honorables* collègues, d'une voix enrouée et avec un accent de faubourg, il leur dit textuellement :

« Citoyens, certainement le citoyen Clément Thomas... » A cette expression de la part d'un capitaine parlant de son général, une immense clameur sortit de l'état-major ; l'orateur reprit : « Certainement le général Clément Thomas vous a fait un très-joli petit discours, mais il ne s'agit pas de tout ça. *Nous avons décidé tout à l'heure, au Grand-Hôtel, qu'on ne rendrait pas les forts.* » On ne lui en laissa pas dire davantage. Une pareille sottise débitée avec tant d'outrecuidance dérida les fronts les plus soucieux, le front même de Clément Thomas; et l'état-major ne put s'empêcher de huer le tribun. Cette attitude parut gêner les manifestants, un mouvement se produisit parmi eux, on en profita pour les pousser doucement vers la porte. Ce qu'il y a de plus remarquable, c'est que cette bande d'outranciers était uniquement composée d'officiers appartenant aux bataillons sédentaires!

Si l'aventure n'avait eu qu'un côté grotesque, je ne l'eusse pas racontée; mais elle porte en elle-même, à mon sens, un grand enseignement. Ces quelques mots presque incroyables : « *Nous avons décidé tout à l'heure* » qu'on ne rendrait pas les forts, dépeignent mieux que tout le reste ce qu'est en réalité l'institution qui nous occupe. Les braves gens ne pourront pas me démentir; dans la Garde nationale, sans compter les coquins qui n'aspirent qu'au bouleversement, il y a un ramassis d'ignorants et d'imbéciles, qui croient que l'uniforme galonné les a transfigurés, et qui prétendent dès lors décider de tout, en politique, en art militaire et en diplomatie. Voilà pourquoi le radicalisme a tant besoin de la Garde nationale. Avec elle le bien étouffe et le mal finit toujours par s'épanouir!

Malgré les décisions des outranciers sédentaires, il fallut bien, hélas! subir les exigences du vainqueur. Pour éviter la famine à une ville de deux millions d'âmes, on exécuta la convention de Versailles.

La population en général était au comble de la douleur, mais le chagrin patriotique fut largement compensé chez les meneurs, par la joie de voir désarmer la troupe et surtout la Garde mobile.

La Garde mobile était l'objet de leur crainte et de leur haine, plus spécialement les bataillons bretons. Ces paysans respectueux et naïfs avaient en effet un esprit bien différent. Sous la conduite de chefs aimés, ils s'étaient disciplinés, aguerris même, et ils valaient mieux que beaucoup de bataillons de jeunes soldats de l'armée nouvelle improvisée à Paris. Eux seuls, énergiquement commandés, eussent pu tenir tête aux bataillons révolutionnaires.

A ce propos, je ne puis résister au plaisir de raconter un des rares épisodes consolants de ce temps-là, qui soient restés dans mon souvenir. Il appartient du reste à mon sujet, ce sera un argument par contraste.

Dans les premiers temps du siége, et lors des premières alertes qui furent données par les clubs, l'état-major de la Garde nationale ne connaissant pas bien encore les bataillons amis ou ennemis de l'ordre, éprouvait une véritable répugnance à se confier exclusivement à des gardes nationaux. Cela est l'exacte vérité, et il fit demander au gouvernement quelques détachements militaires.

Un jour on nous envoya des mobiles du Morbihan qui manquaient de vivres et qui, fatigués par des services nocturnes, avaient grand besoin de repos.

Comment nourrir tant d'hommes, comment les coucher assez près de soi pour les avoir sous la main? En toute autre circonstance la difficulté eût été grande; mais le chef du bataillon nous dit de suite : « Ces enfants-là ne sont pas exigeants, tout s'arrangera facilement : un peu de pain et de vin leur suffira; si vous avez quelques matelas et couvertures ils s'étendront dessus, n'importe où, et dormiront; tenez, le grand escalier sera un dortoir magnifique. »

On fit de son mieux, on improvisa une petite distribution, on réunit tout ce qu'on put trouver pour couvrir un peu les pierres du vestibule et de l'escalier. Enfin, en moins d'une heure les deux opérations furent faites et chacun fut casé ; tout se passa avec un ordre parfait, sans une réflexion, sans un murmure. Les officiers disaient quelques mots en breton, et c'était assez. Bientôt il ne resta plus debout que les factionnaires aux armes. Tous ces braves garçons, enchevêtrés les uns dans les autres, et le visage souriant encore de complaisance et de fraternité, s'endormirent d'un profond sommeil qu'un bon ange semblait protéger !

Je contemplai, je l'avoue, avec émotion toutes ces honnêtes figures derrière lesquelles on sentait des âmes de chrétiens. Je les comparais malgré moi aux figures dégradées des victimes de la démagogie ; je comparais ce calme, cette obéissance et cette modestie avec les interminables prétentions de toute sorte, des gardes nationaux. Sous le coup de cette impression, je m'approchai du chef de bataillon, pour lui faire compliment de ses hommes. « Oui, ce sont de braves enfants, me dit-il. Je ne suis plus tout jeune, vous le voyez ; eh bien, si j'ai accepté de les commander, c'est dans le but de les conserver tels qu'ils sont. J'ai été militaire et je me suis promis de leur faire accomplir de mon mieux leur devoir de soldats. J'ai promis aussi à leurs parents de veiller sur eux et de les ramener *encore honnêtes gens.* Tous mes efforts tendent à préserver leurs corps et leurs âmes des corruptions de Paris. Pour cela, je maintiens de toutes mes forces parmi eux les habitudes de respect et de foi de notre pays. Ici comme en Bretagne, quand je rencontre un prêtre, je le salue, et eux font comme moi, malgré les ricanements de vos gardes nationaux. Le dimanche, lorsque nous sommes libres, j'engage ceux qui le veulent à venir à la messe avec moi, et ils y viennent tous. On se moque encore de nous, en ayant l'air de dire : Drôles de soldats! Mais je m'en inquiète peu, je suis sûr de mes hommes; avec l'aide de Dieu, ils sauront faire leur devoir jusqu'à la mort même. Ainsi, pour cette nuit, vous pouvez être tranquilles, je vous réponds d'eux, on n'entrera pas ici. »

Ce langage si franc, si élevé, si vrai, m'impressionna profondément; je serrai avec une effusion bien sincère les mains de cet honnête homme, je le remerciai dans le fond de mon cœur de m'avoir jugé digne de le comprendre, et l'obscurité seule me permit de lui dérober les larmes qui me vinrent aux yeux. Des larmes pour si peu, dira-t-on peut-être : ah! ceux-là seuls ne les comprendront pas, qui n'ont pas vécu au milieu du tourbillon d'alors!

J'ai su depuis que ce bataillon du Morbihan s'était parfaitement conduit, mais je n'ai jamais revu ni les soldats ni leur chef. Leur souvenir cependant restera dans ma mémoire comme un contraste frappant avec trop d'autres souvenirs. En comparant ces soldats paysans aux faubouriens de la Garde nationale, on ne peut s'empêcher de s'écrier : Voilà comment la Foi façonne le peuple et comment la Révolution le détériore!

CHAPITRE XIX

Armistice. — Organisation des forces révolutionnaires et désorganisation des bons bataillons. — La Commune.

L'époque de l'armistice fut doublement fatale à l'ordre. A la faveur du désarmement des troupes, le Comité central donna une impulsion puissante à l'organisation démagogique. Pendant que les bataillons du désordre se fortifiaient tous les jours davantage, un travail diamétralement opposé s'opérait dans les bons bataillons.

Ces derniers considéraient leur rôle comme absolument terminé. Ils avaient fait très-généreusement leur devoir pendant le siége : ils croyaient ce devoir épuisé. Beaucoup de gardes, et des meilleurs, profitèrent du rétablissement des communications, pour sortir de Paris et aller rejoindre leurs familles réfugiées en province. Quant aux autres, demeurés dans la capitale, ils disaient qu'après s'être exclusivement dévoués pendant cinq mois aux affaires de la patrie, ils pouvaient bien maintenant s'occuper de leurs propres affaires ; ils ne répondaient plus aux appels qui leur étaient adressés.

Cette attitude irréfléchie empêcha de rien entreprendre contre le comité central. Elle contribua grandement au triste résultat de la journée du 18 mars.

Pendant la première partie de cette fatale journée, les honnêtes gens restèrent absolument sourds aux appels réitérés de l'état-major. Ils ne pactisaient certainement pas avec les hommes de la Commune, mais ils ne comprenaient pas la gravité de la situation. Lorsqu'ils la comprirent, le soir, après l'assassinat de Clément Thomas et du général Lecomte, il était trop tard. Malgré leur intervention tardive, le triomphe du désordre fut consommé !

On connaît la sinistre histoire de la Commune, je ne veux certes pas la raconter. Qu'il me suffise seulement de le constater : la Garde nationale a joué un rôle tel, que malgré tous les préjugés en sa faveur, elle a été supprimée.

La Garde nationale n'a pas été seulement la force matérielle de la Commune, elle en a été la cause morale. Les principes faux qui lui servent de base, faussés davantage encore dans l'application, amenèrent une véritable perturbation sociale. Cette perturbation engendra une maladie nouvelle qu'on peut appeler la folie de la Garde nationale.

Dans la classe aisée le mal fut moins sensible. Cependant, pour beaucoup de bons bourgeois, excellents hommes d'ailleurs, il fut la source d'illusions de toutes sortes; illusions qui ne les entraînèrent pas jusqu'au radicalisme, mais qui les engagèrent fortement dans le parti républicain. De telle sorte qu'aujourd'hui, pour paraître logiques, nous les voyons s'attacher à cette variété de république, que je me permettrai, n'étant pas académicien, d'appeler, faute de mieux, le *centre-gauchisme!*

Dans les autres classes, la folie de la Garde nationale eut des résultats effrayants. Par suite de leur passé militaire, souvent bien modeste, des hommes, ouvriers hier, s'étaient fait donner des appointements et des galons; ils étaient ainsi devenus les premiers dans un monde où ils comptaient à peine auparavant. Il ne pouvaient se faire à l'idée de retourner à leurs humbles travaux, à l'idée d'être renvoyés sans solde et sans insignes ; la Garde nationale en permanence, tel était leur idéal, leur rêve!

Les meneurs de la Commune exploitèrent habilement la folie de ces malheureux. Il est impossible de mesurer tout le mal que ces meneurs ont fait à la faveur de leurs grades! Ils n'ont pas seulement séduit et entraîné les natures perverses, ils ont corrompu des âmes honnêtes; ils ont fanatisé pour le mal des hommes qui croyaient combattre pour la vérité, et ils en ont fait les martyrs de rêveries insensées!

On s'est demandé pourquoi les bataillons du désordre, qui avaient été si mous parfois, si lâches même contre les Prussiens, avaient lutté avec tant d'énergie et de courage contre l'armée de leur pays? et on a conclu de cette différence de conduite que ces bataillons auraient pu être employés utilement pendant le siége. L'explication de ce fait est pourtant bien simple.

Des hommes, dans l'âme desquels on a ruiné tout sentiment du devoir pour y substituer des idoles, pour y exciter les appétits, les passions, les convoitises de toutes sortes, ne sont pas disposés, cela se comprend, à risquer leur vie par patriotisme, c'est-à-dire pour un résultat profitable seulement à une organisation sociale et politique qu'ils maudissent. Que l'étranger vienne donc, qu'il menace la patrie, peu leur importe! au fond, leur unique préoccupation sera d'exploiter le danger national. Ils réclameront à grands cris la force matérielle qu'ils n'avaient pas. Une fois cette force obtenue, au lieu de l'utiliser dans un intérêt sacré, ils la réserveront pour le triomphe de leurs vils intérêts personnels.

S'exposer à toutes les souffrances et à la mor peut-être, sans autre espoir que de retourner le lendemain au travail et à la pauvreté, c'est une naïveté dont on ne peut plus accuser la démagogie!

Il n'en est plus de même s'il s'agit d'une lutte suprême contre la société. Le triomphe c'est la suppression du travail, c'est le bien-être des masses. Un pareil résultat à conquérir justifie tous les sacrifices. Et pourtant quelle naïveté encore de croire à de pareilles utopies, naïveté sinistre! la seule qui reste au peuple corrompu par la Révolution!

C'est cette naïveté qu'ont eue les sectateurs de la Commune. Ils se sont excités; ivres de fureur et d'alcool, ils ont trouvé parfois les élans d'un courage criminel. Ils se sont placés, la rage au cœur, en face de cet être exécré, dernier sauveur d'une société maudite, le soldat; et là, couverts du sang des martyrs, au milieu des flammes et des ruines, ils se sont dressés comme des spectres infernaux, attendant que le doigt de Dieu les replongeât dans l'abîme!

Malgré tant de fureurs, malgré l'asservissement de la capitale, la Commune n'a pas été une révolution proprement dite : elle n'a été qu'une insurrection, insurrection formidable, la plus étonnante et la plus hideuse!

Des émeutes, relativement anodines comme celles de 1830 et de 1848, ont renversé des gouvernements appuyés sur des armées nombreuses, et sont devenues ainsi des révolutions subies par la France entière. La Commune, avec une organisation si puissante et des forces si exceptionnelles, n'a pu dominer que la ville de Paris; elle s'est brisée contre un pouvoir à peu près sans soldats!

Pourquoi cela?

Pour une seule raison, pour une raison qu'il ne faut pas se lasser de répéter aux aveugles qui ne la voient pas et aux ambitieux qui feignent de ne pas la comprendre : parce que l'Assemblée nationale, gouvernement souverain de la France, n'était pas à Paris.

Quoi que puissent dire les flatteurs ou les adeptes de la Révolution, si le 18 mars, les représentants de la nation eussent été réunis au Palais-Bourbon, dans ce lieu favori des envahissements populaires, le triomphe du radicalisme eût été complet.

Les grandes villes prêtes à se soulever auraient arboré le drapeau de la Commune.

Le reste de la France, atterré, affolé par les désordres de la guerre civile et de la tyrannie radicale, aurait tourné ses regards de tous côtés, cherchant un sauveur.

Il n'aurait vu venir à lui que le vainqueur impitoyable, mettant la main sur nos provinces pour se payer lui-même, en nature, les milliards de sa victoire !

Avec la Commune a fini la Garde nationale. Si Dieu protége encore la France, elle a fini pour toujours !

CHAPITRE XX

Clément Thomas et Montagut.

Il ne me resterait plus qu'à conclure, si après avoir remué les souvenirs de cette époque, ma pensée ne rencontrait deux tombes inopinément ouvertes, près desquelles je ne puis passer sans m'arrêter avec une émotion sympathique.

Ces tombes sont celles des deux chefs principaux de la Garde nationale pendant le siége : Clément Thomas et Montagut, enlevés tout deux au monde de la façon la plus tragique.

Le premier, chacun le sait, a été lâchement assassiné le 18 mars.

Le second a péri dans une collision maritime douloureusement mémorable, au milieu des flots de l'Océan.

Clément Thomas est mort victime du devoir généreusement accompli.

Vers le milieu du siége, les bataillons de Flourens, ayant fui lâchement des tranchées, furent renvoyés dans l'intérieur de Paris par l'autorité militaire. Outré de tant d'ignominie, Clément Thomas, commandant en chef de la Garde nationale, se fit l'interprète de l'indignation publique dans un ordre du jour où, après avoir flétri de la façon la plus énergique l'indigne conduite des lâches, il ordonnait leur désarmement[1].

Cette opération s'effectua en effet sans encombre, grâce à l'habileté merveilleuse du général commandant le secteur de Belleville; mais, les misérables désarmés et tous leurs adhérents politiques en gardèrent au cœur un profond ressentiment. Le 18 mars leur donna l'occasion de se venger d'une manière digne d'eux.

Ce jour-là, Clément Thomas, qui n'était plus à la tête de la Garde nationale, mais qui n'en gardait pas moins les préoccupations les plus patriotiques, sortit pour se rendre compte par lui-même des événements.

Fatale idée! hélas! Des gardes nationaux insurgés, en passant près de lui, rue des Martyrs, le re-

[1] Voir à l'*Appendice* les documents officiels concernant la Garde nationale pendant le siége de Paris.

connaissent quoiqu'il soit en bourgeois. Ils l'arrêtent, l'emmènent dans un de leurs repaires, et là, après l'avoir accablé d'outrages et de coups, les lâches le fusillent !

Et ainsi, lui qui avait *cherché* en vain les balles de l'ennemi à Champigny et à Buzenval, lui qui avait rêvé jusqu'au dernier jour de se faire tuer par les Prussiens, en compagnie de 40 ou 50,000 gardes nationaux, pour sauver l'honneur de la patrie et de la République, il est tombé sous les coups de misérables qui portaient des uniformes français et qui criaient aussi : *Vive la République!*

L'auréole de son martyre efface l'origine de sa célébrité. Il ne reste plus devant nos consciences que sa conduite pendant le siége, conduite qui a été toujours marquée au coin du patriotisme le plus sincère et le plus énergique.

Le 1er janvier 1871, ce républicain d'élite, avait prononcé devant son état-major qui n'était pas républicain, les nobles paroles suivantes :

« Messieurs, le moment est solennel. En face des dangers de la patrie, nous ne pouvons avoir qu'un même cœur, il faut que nous poussions tous le même cri : Vive la France ! »

Les honnêtes gens suivront aujourd'hui son

exemple. En face de son nom, ils oublieront la politique. Devant sa tombe, quel que soit leur parti, tous auront dans le cœur la même estime pour son caractère, tous pousseront le même cri de douleur et d'indignation!

Moins connu est le nom du chef d'état-major. Cet homme cependant a joué un rôle capital pendant les trois derniers mois du siége.

Ancien élève de l'École polytechnique et ardent républicain, Montagut avait donné sa démission d'officier d'artillerie au 2 décembre. Puis il avait entrepris de grandes affaires avec les États-Unis, y avait fait plusieurs voyages, s'y était marié selon son cœur et était revenu en France. Il y vivait heureux malgré la politique, entre deux êtres chéris, sa femme et sa fille, lorsqu'éclata la guerre de 1870 et survint la révolution du 4 septembre.

Il quitta tout alors et vint se mettre à la disposition du gouvernement de la Défense. On l'envoya à la Garde nationale où il devint bientôt chef d'état-major.

Je n'ai pas à porter ici un jugement d'ensemble sur lui; le philosophe et le politique n'appartiennent heureusement pas à mon sujet. Je ne dois me souvenir que de l'homme public et du rôle qu'il a joué pendant le siége; ce rôle a été très-honorable. Républicain d'élite lui aussi, Montagut a été l'inspirateur et le soutien de Clément Thomas; il l'a aidé à flétrir les bandits de la République!

Il a flétri bien souvent lui-même, face à face, ces chefs de bataillon indignes, qui, faiblissant sous les menaces de leurs hommes, se faisaient les interprètes de leurs interminables prétentions, et venaient à l'état-major, escortés de délégués chargés de surveiller leur conduite et d'aller ensuite en rendre compte aux électeurs du bataillon.

Ceux qui ont été témoins alors de son indignation, ceux qui ont entendu la manière dont il reprochait à ces hommes d'avilir le commandement, d'affaiblir l'autorité et de déshonorer la République, ceux-là ne pourront s'empêcher de rendre hommage à l'élévation de ses sentiments et à son courage.

Ceux qui l'ont vu à l'œuvre, enfin, ne pourront s'empêcher de reconnaître aussi la loyauté de son caractère et la haute impartialité de son esprit.

Adversaire théorique de tout cet ensemble d'idées monarchiques et religieuses que nous appelons, nous, les idées conservatrices, il n'en éprouvait pas moins une attraction involontaire pour ceux qui les professaient. Il les appelait lui-même les *braves gens*, et il avait dans leur dévouement patriotique la confiance la plus absolue.

C'est à eux qu'il confia toujours pendant le siége les missions les plus importantes. C'est à eux qu'il s'adressa, dans la sinistre nuit du 19 au 20 janvier, lorsqu'en l'absence du commandant en chef de la Garde nationale et du gouverneur de Paris, il prit sur lui de convoquer les bataillons les plus sûrs, pour protéger l'ordre et le Gouvernement.

C'est à eux enfin qu'il a donné en maintes circonstances des preuves particulières d'estime, de respect et de bienveillance, doublement honorables pour ceux qui les reçoivent d'un adversaire, plus honorables encore peut-être pour celui qui les donne!

Au mois de février 1871, après la nomination de la Chambre monarchique, Montagut donna sa démission en même temps que Clément Thomas. Il s'occupa de nouveau de sa famille et de ses intérêts. Mais il était à Paris le 18 mars, et, à la nouvelle de l'assassinat de son ancien général, il vint à l'état-major aux informations.

Lorsque la triste vérité lui fut confirmée, sa consternation fut grande et la suppression de la Garde nationale lui apparut immédiatement comme une nécessité sociale indiscutable. Pour justifier cette opinion devant sa conscience de républicain, il disait : « Il n'y a pas de Garde nationale aux États-Unis ».

J'ai le droit de consigner ici cette parole importante que j'ai entendue.

Depuis ce jour, je n'ai pas eu l'occasion de revoir Montagut. J'avoue même que je n'ai pas recherché cette occasion. J'ai craint les désaccords trop certains de nos convictions politiques et religieuses, et j'ai préféré conserver intacts le souvenirs de l'entente cordiale d'autrefois sur le terrain du patriotisme.

Aujourd'hui je le regrette. Je regrette de ne pouvoir plus payer qu'à sa mémoire, et au lendemain d'une épouvantable catastrophe, ma dette de reconnaissance et de justice.

En face d'une pareille mort, venant surprendre un tel homme au milieu de toutes ses illusions, la conscience du chrétien s'attriste et s'inquiète !

Cependant, sur le navire entr'ouvert, prêt à

s'affaisser dans l'abîme, je vois sans cesse par la pensée ce prêtre catholique, dont ont parlé les survivants du naufrage, qui se tint debout jusqu'à la dernière seconde pour bénir ses compagnons d'infortune; je vois près de lui, s'inclinant avec respect dans une dernière prière, deux femmes, ferventes catholiques, serrées contre le cœur d'un homme leur époux et leur père, et je me demande pourquoi cet époux, ce père, vaincu enfin par tant d'angoisses, n'aurait pas incliné, lui aussi, sa tête altière sous la bénédiction sacrée!

Je me le demande, non sans espérance. Nul ne peut savoir par quelle illumination subite l'âme humaine se transforme parfois à l'instant suprême de la mort, dans un entretien décisif avec Dieu!

CHAPITRE XXI

Première conclusion. — Plus de Garde nationale.

De l'exposé qui précède, il ressort, je crois, une première vérité indiscutable :

C'est que la Garde nationale, fidèle toujours à l'esprit de révolution qui l'avait enfantée, n'a jamais voulu se soumettre aux prescriptions tutélaires qui lui ont été imposées par les lois.

Sa constitution dit qu'elle était faite *pour assurer le maintien du bon ordre, l'exécution des lois* et *l'obéissance aux actes de l'autorité constituée.* L'histoire nous l'a montrée participant sans cesse au désordre, violant toutes les lois, assurant le triomphe de toutes nos révolutions.

A chaque page nous avons constaté le mal qu'elle a fait.

Nous l'avons vue, depuis la prise de la Bastille, attaquant, cernant, envahissant la Royauté jusqu'à ce qu'elle ait conduit Louis XVI à son échafaud.

Nous l'avons vue, sous la Convention, favoriser puissamment toutes les violences, toutes les folies, tous les crimes de la Terreur. Si l'élément honnête l'emporte un instant dans son sein à l'époque de thermidor, c'est pour échouer bientôt au 13 vendémiaire, comme il devait échouer plus tard contre le Directoire, au 18 fructidor.

Nous l'avons vue plus tard ne retrouver de force véritable que pour détruire une seconde fois, en 1830, cette monarchie vieille de neuf siècles et pour renverser, en 1848, la royauté de fantaisie, son propre ouvrage, dont elle avait déjà assez après dix-huit ans.

Nous l'avons vue de nos jours enfin, après avoir laissé périr dans un coup de force la deuxième république, compromettre, à la faveur de la troisième, la résistance de Paris contre les Prussiens et terminer sa triste carrière par cette série d'abominations qui s'appelle la Commune.

Malgré les dévouements individuels nombreux et les bonnes volontés partielles, vingt fois déjà notre conscience a prononcé sa condamnation.

Cette condamnation doit être absolue et rester définitive.

La Garde nationale est une des idées les plus

fausses et les plus funestes que nous ait léguées la Révolution.

Cette idée n'a pas seulement remué jusqu'au délire les passions de la démagogie, elle a pénétré jusque dans les âmes les plus élevées, jusqu'au sein de cette grande école catholique et constitutionnelle qui a inspiré tant de pensées généreuses et groupé tant de nobles caractères.

On pourrait donc citer, et c'est ce qu'on a fait récemment encore à la tribune de l'Assemblée, des hommes célèbres, dignes du respect et de l'admiration des conservateurs, qui n'ont pas échappé à l'erreur de la Garde nationale !

Ce n'est pas moi qui m'en étonnerai; j'ai retrouvé sur ce sujet, dans des notes personnelles qui remontent à six ou sept ans, des opinions bien différentes de celles que j'émets aujourd'hui.

Cette différence s'explique d'ailleurs tout naturellement. Depuis 1789, deux sentiments contraires se disputent la première place dans l'âme des honnêtes gens; d'un côté, le désir des réformes sages et graduées, capables d'amener un progrès durable; de l'autre, la crainte de la Révolution qui n'est capable que de ruiner la société.

La raison, lorsqu'elle est ainsi balancée entre

deux extrêmes, trouve difficilement le point exact où est la vérité pratique; des hommes également honnêtes sont tombés dans des exagérations évidentes en sens opposé.

Tandis que les uns, par crainte de la Révolution, semblaient repousser toute réforme, les autres, de peur d'empêcher la réforme, allaient parfois jusqu'à la Révolution.

Cette dernière exagération entraîna même les natures les plus nobles et les plus ardentes. C'est ainsi que s'expliquent ces systèmes où, par respect de la liberté, l'autorité n'avait qu'une part incomplète; ces doctrines où l'individu était placé en face de la société avec des droits égaux et parallèles; cette politique, enfin, où sous prétexte de libéralisme, on se croyait obligé de faire des concessions qui allaient jusqu'à compromettre la conscience en même temps que la liberté.

De peur d'une armée prétorienne dans les mains d'un César, on admettait la nécessité d'une armée populaire dans les mains de la Révolution!

Mais l'heure des désillusions a sonné; des expériences décisives ont été faites, tous les voiles sont tombés.

A la lueur sinistre de nos désastres, un travail

de lumière s'est opéré chez les hommes de bonne volonté. Malgré la légèreté qui emporte toujours la masse de notre nation, malgré des discordes qui persistent au sein des politiques, bien des opinions se sont modifiées dans les esprits de bonne foi qui consentent à réfléchir. La vérité tend à se dégager et la démarcation à s'établir entre la *liberté* et la *révolution.*

Nous avons reçu une de ces leçons terribles qui s'adressent aux plus grands comme aux plus humbles enfants de la patrie !

Sans doute, hélas! la grande majorité de la nation ne semble pas changée, mais la leçon a porté ses fruits dans le cœur d'une minorité convaincue, qui sera l'instrument de toutes les régénérations de la patrie. Ce n'est pas trop présumer de la conscience des grands chrétiens morts avant nos malheurs, que de croire qu'ils eussent profité aussi des enseignements solennels tracés par la main de Dieu !

Une différence capitale existe entre les hommes de foi et les adeptes du scepticisme : ces derniers persistent ordinairement dans leurs erreurs intéressées, ils emploient toutes les ressources de leur génie pour y entraîner leurs semblables. Les autres, au contraire, trouvent assez de force et de désintéressement dans leur cœur, pour se redresser eux-mêmes en saluant la vérité, à quelque moment qu'elle éclate.

Si Montalembert était de ce monde, certes, il aimerait encore la liberté; certes, il trouverait des accents superbes pour secouer ces âmes timides, prêtes à sacrifier leur honneur et l'avenir de leur pays à la plus courte hypothèse de jouissance et de sécurité; mais, sans aucun doute, il ne prendrait plus la Garde nationale pour auxiliaire de son libéralisme; il ne la montrerait plus comme le soutien des minorités. Elle lui apparaîtrait maintenant non pas telle qu'il l'avait rêvée, mais telle qu'elle est en réalité. Il repousserait avec horreur cette institution fatale que le sang et le pétrole de la Commune ont marquée d'un stigmate ineffaçable!

« La Garde nationale en face de l'armée régulière était la garantie de la souveraineté individuelle contre la souveraineté sociale, » a dit un député dans la séance du 21 décembre 1874. J'accepte cette définition.

Je ramasse ce compliment jeté sur la tombe de la Garde nationale par le centre gauche, mais je prétends qu'il en est la suprême condamnation.

Car je crois que la *souveraineté individuelle* est un grand mot sonore, qui ne veut rien dire ou qui cache une pensée aussi fausse que dangereuse. Je crois que prononcer ce mot devant le peuple, c'est l'encourager d'une manière inconsciente peut-être mais certaine, à tous les caprices et à toutes les révoltes. Je crois qu'une société avec deux souverainetés antagonistes, *la souveraineté individuelle* en face de *la souveraineté sociale,* ne peut être qu'une société absolument révolutionnaire, une société à l'état d'anarchie, l'idéal enfin rêvé par les radicaux.

La définition du centre gauche est topique. Oui! la révolution, l'anarchie et le triomphe du radicalisme, voilà ce que garantit la Garde nationale!

C'est pour cela qu'on l'a supprimée, c'est pour cela qu'à moins de crime ou de folie, on ne la rétablira pas !

CHAPITRE XXII

Deuxième conclusion. — Plus d'Assemblées à Paris.

Quant au retour du gouvernement à Paris, l'histoire des envahissements populaires, que nous avons parcourue en même temps que celle de la Garde nationale, nous en a montré les conséquences infaillibles.

Le gouvernement à Paris, c'est le gouvernement à la discrétion du peuple au premier jour de crise ; voilà encore une vérité indiscutable.

Cette vérité, du reste, la Révolution l'a toujours comprise.

Si le 5 octobre 1789, la Garde nationale et le peuple ont tant insisté pour aller à Versailles, c'était, comme on le sait, pour s'emparer du roi et pour le ramener prisonnier dans la capitale, où il fut suivi peu de temps après par l'Assemblée elle-même.

A Paris, le roi et la représentation nationale sont sous la surveillance directe de la populace; la chute du trône ne sera plus qu'une affaire de temps. Avec des accusations calomnieuses et des envahissements opportuns, on fera tomber la royauté jusqu'au banc des accusés, on lui trouvera des juges; ces juges, terrifiés, n'oseront pas prononcer contre elle d'autre peine que celle de l'échafaud.

Sous la République, lorsque ensuite les pouvoirs seront concentrés dans les mains d'une assemblée unique, l'habitude des envahissements se fortifiera encore. Menacée sans cesse par le peuple, la Convention sera envahie le 31 mai, le 9 thermidor, le 12 germinal, le 1er prairial. Selon que les modérés ou les démagogues triompheront, elle votera sous la pression des vainqueurs, la mort des députés girondins ou celle des députés montagnards.

Fatal alors à tous les gouvernements, le séjour à Paris ne l'a pas été moins de notre temps.

Sans parler de la Révolution de 1830, est-ce qu'en 1848, une royauté libérale faite par Paris lui-même, appuyée sur une armée dévouée et sur des princes aussi brillants que courageux, ne s'est pas écroulée comme par enchantement au souffle du peuple parisien? En moins de trois jours, cette royauté éphémère envahie aux Tuileries et à la Chambre des députés, était culbutée, mise en fuite et remplacée par la République!

Sous cette République de 1848, mère du suffrage universel, est-ce que la situation a été différente? Est-ce que l'Assemblée nationale a été bien respectée? Non, le 15 mai, l'envahissement de la Chambre a été complet; on ne saurait compter le nombre de manifestations effrayantes qui ont troublé, inquiété la représentation nationale, et au moyen desquelles la populace voulait peser sur ses votes.

Le 4 septembre 1870, enfin, n'est-il pas évident que si le Corps législatif n'avait pas siégé à Paris, s'il n'avait pas été envahi par le peuple, à l'abri de toute pression, il aurait trouvé dans son sein, pour remplacer l'empire, quelque chose de moins révolutionnaire, par conséquent de moins désastreux que ces usurpateurs, escamotant, au nom des électeurs de la capitale, les droits de la nation entière?

A tous ces exemples concluants vient s'ajouter encore le contraste de notre tranquillité actuelle. Si depuis quatre ans, nous avons pu traverser sans trouble les crises de toutes sortes, c'est surtout parce que l'Assemblée nationale ne siége pas à Paris.

Il faut être bien aveugle pour demander qu'elle y revienne, lorsqu'on n'appartient pas au parti radical; c'est pourtant ce qui est arrivé.

Aux réclamations des démagogues se sont jointes les réclamations des Parisiens à courte vue, et des habiles de la politique.

« Revenez à Paris, a dit au gouvernement un ministre, cela me gêne d'être à Versailles. Revenez à Paris, ont dit des négociants, des hommes d'affaires; le commerce ne va pas, les étrangers ne viennent pas en assez grand nombre. On a peur parce que vous manquez de confiance vous-même dans la capitale. Rien ne vous empêche de prendre vos précautions : entourez l'Assemblée de zones infranchissables que vous défendrez très-aisément. Outre les sergents de ville et les gardes de Paris, n'avez-vous pas l'armée ? »

C'est là une erreur évidente, une erreur qui pourrait être mortelle! Et pourtant elle a cours chez des hommes honorables et dignes de respect.

J'ai entendu sortir de la bouche d'un prince cette phrase qui m'a confondu : « Protégée par de la cavalerie, l'Assemblée n'aurait rien à craindre à Paris. »

Mais vous n'y pensez pas, Monseigneur. Outre l'impopularité qui en résulte, croyez-vous donc qu'il soit toujours si facile de charger le peuple, lorsqu'il se prolonge en files interminables sur les quais, sur les places, sur les boulevards? En admettant même que les charges réussissent, croyez-vous que des manifestations aussi tumultueuses n'aient aucune influence sur les dispositions d'une Assemblée? Croyez-vous que les acclamations et les menaces de la foule ne seraient pas capables d'exalter jusqu'au délire les radicaux d'extrême gauche, tandis qu'elles paralyseraient jusqu'à la dernière faiblesse cette Plaine hésitante qui existe, hélas! dans toutes les Assemblées?

Vous ne le croyez certainement pas, vous avez trop de justesse dans l'intelligence pour ne pas comprendre que le retour du gouvernement à Paris serait *un mal sans compensation.* Mais vous vous dites sans doute qu'un prince est tenu de ménager certains préjugés populaires.

Moi qui ne suis qu'un simple citoyen et qui n'ai pas à garder de pareils ménagements, je ne me reconnais d'autre droit ici que de dire la vérité tout entière. Je le déclare donc en mon âme et conscience : si je me prononce d'une manière aussi formelle contre le retour à Paris, ce n'est point de parti pris, par une hostilité systématique. Je suis né à Paris, j'y ai été élevé, j'y conserve des intérêts importants, j'y passe la moitié de mon existence; je n'ai par conséquent qu'un désir et qu'un intérêt : c'est que la capitale de la France reste la capitale du monde; c'est qu'elle reste en même temps que le cœur de toutes les œuvres de foi et de charité, le foyer des lettres, des arts et des sciences, le centre enfin de tous les développements moraux et de toutes les prospérités matérielles.

Mais j'ai la conviction profonde, conviction appuyée sur les faits et justifiée dans ce travail, que les véritables défenseurs de la ville de Paris ne sont pas ceux qui flattent ses passions politiques ou ses illusions.

L'intérêt de la capitale, absolument conforme à l'intérêt du reste de la France, exige avant tout, l'ordre, la paix, la sécurité. Ces biens inappréciables sont impossibles à conserver avec le gouvernement dans Paris. L'histoire nous le prouve pour le passé. Si le bon sens n'y suffisait pas, les vœux ardents des radicaux nous le démontreraient pour l'avenir.

Il y a donc là une question de la plus haute gravité, une question de vie ou de mort, qui s'applique à tous les gouvernements quels qu'ils soient.

Demain en effet, par un miracle de la Providence, nous aurions un Pouvoir incontesté, que nous devrions encore trembler pour sa durée, s'il laissait les Chambres s'installer à Paris. A force de vigueur et de prestige, il pourrait bien sans doute résister quelques années ; mais, au premier conflit, son existence serait compromise, l'indépendance de ses actes en serait tout au moins entravée.

Hélas! nous n'en sommes pas là.

L'ère des gouvernements durables et incontestés ne paraît pas encore près de s'ouvrir. Nous vivons dans un temps vraiment singulier! On repousse un provisoire *fixé à sept ans,* sous le prétexte qu'il n'est pas définitif, et l'on n'accepte un définitif qu'après l'avoir rendu assez provisoire pour que *dès demain* il puisse être modifié!

Et pourtant, c'est au milieu d'une pareille confusion qu'il faut lutter contre les diverses factions révolutionnaires. Ce que la prudence conseillerait à l'époque la plus favorable, elle l'ordonne impérieusement aujourd'hui.

Dans l'état présent des choses et après les expériences faites, une Assemblée conservatrice qui viendrait siéger à Paris, au centre du radicalisme, me rappellerait ces dompteurs téméraires qui ne croient plus à la férocité de leur ménagerie.

Un lion a déjà fait plusieurs victimes; qu'importe? le dompteur ne s'en effraye pas; il a, lui, une puissance supérieure et exercera une fascination spéciale. Il ouvre donc la gueule de l'animal et, après avoir fait des gestes terribles, il y place bravement la tête. Le prodige réussit en effet, une fois, dix fois, cent fois, mais il arrive un jour, jour fatal, inévitable, où le fauve retrouve ses instincts féroces; il rapproche ses mâchoires, et alors, comme ses devanciers, en présence d'un Anglais qui gagne son pari, le dompteur est dévoré !

Tout à l'heure je disais : plus de Garde nationale; je puis ajouter maintenant : plus d'Assemblée à Paris. Voilà une double conclusion que je crois pleinement justifiée !

CHAPITRE XXIII

Conclusion générale.

Les deux conclusions qui précèdent ne peuvent suffire. Avoir montré le danger de la Garde nationale et le danger du séjour des Assemblées à Paris est un résultat sérieux, mais incomplet.

Il importe de tirer des faits historiques que nous venons d'observer la conclusion politique, générale et supérieure, qui s'en dégage avec une si frappante opportunité. Après avoir signalé le mal ancien qui nous menace, il importe d'indiquer par quelles causes il peut renaître, afin qu'on prenne, s'il en est temps encore, les mesures nécessaires pour le prévenir.

Depuis que *l'esprit de révolte* s'est abattu sur notre pays, il a toujours procédé de même : il s'est servi de la Garde nationale pour révolutionner Paris, et de Paris pour révolutionner la France.

Le gouvernement dans Paris et la Garde nationale : tels sont les deux grands moyens de la Révolution. Ces deux moyens lui sont indispensables. Lorsque la Révolution ne les possède pas ensemble, elle cause les plus grands malheurs, comme en 1871, mais elle n'arrive pas jusqu'au triomphe décisif. Voilà pourquoi les hommes qui veulent assurer ce triomphe ont conservé et conserveront toujours pour objectif la pensée de reconquérir les deux instruments nécessaires au succès des entreprises démagogiques : la Garde nationale et le gouvernement à la discrétion des émeutes parisiennes.

Si, depuis 1871, le parti radical a laissé dormir ces deux questions, ce n'est pas par oubli, c'est par tactique ; c'est parce que les chefs de ce parti sont capables de toutes les habiletés. Qu'on en soit certain, on verra ces hommes reprendre leur œuvre, dès que les circonstances le permettront.

L'occasion ne tardera peut-être pas à se présenter.

Des événements graves viennent de s'accomplir ; la République est devenue le gouvernement légal de la France.

Sans doute, ce gouvernement équivoque ne nous a point été donné par les radicaux seuls.

Nous le devons à l'assentiment d'un groupe nombreux de conservateurs qui essayent de rassurer nos consciences : « Nous avons consenti à laisser passer la République, disent-ils, mais nous avons pris toutes les précautions nécessaires contre le radicalisme; nous avons conservé aux représentants du pays le droit de reviser la constitution. »

Les républicains leur répondent : « Prenez toutes les précautions que vous voudrez. Pour le moment, il nous suffit que vous acceptiez la République. »

Rien ne prouve donc que notre nouvelle constitution révisable soit plus utile aux idées conservatrices qu'aux idées révolutionnaires.

A vrai dire, cette constitution ne satisfait personne. Les conservateurs l'ont votée comme un pis-aller, les républicains comme une espérance. Les uns et les autres comptent bientôt la modifier.

Mais, entre les monarchistes qui ont accepté la République et les républicains qui ont voté le droit de révision, les parts de sacrifice ne sont pas égales.

Les républicains n'ont sacrifié que la formule illusoire qui prête au gouvernement un caractère définitif. Les monarchistes ont sacrifié leur principe fondamental. Après avoir proclamé solennellement pendant quatre ans que la monarchie était la seule forme de gouvernement capable de sauver la France, ils viennent déclarer que cette monarchie est impossible. Après avoir considéré l'idée républicaine comme une erreur, ils se font aujourd'hui, sous le poids des déceptions et des craintes qui les accablent, les complaisants de cette erreur, sans se demander s'ils n'en seront pas demain les victimes.

En agissant de la sorte, les conservateurs n'éprouvent pas seulement le chagrin de déserter des doctrines chères à leur raison, ils ont aussi la douleur amère de faire la joie du plus cruel ennemi de leur patrie.

Des documents officiels ont établi que cet ennemi implacable, pour ainsi dire infaillible dans sa haine, souhaite pour le succès de ses projets que nous restions faibles et isolés dans la République. Chez tout autre peuple, à partir de ce moment, les radicaux seuls seraient républicains. En France, non-seulement on ne s'est pas ému, mais encore on a commencé aussitôt une campagne républicaine, et des conservateurs ont assuré le triomphe de la République!

Faut-il pour cela jeter l'anathème aux monarchistes-républicains ? Non. Les honnêtes gens ont mieux à faire qu'à se maudire les uns les autres.

Dans les tristes temps où nous sommes, les clartés de la conscience paraissent obscurcies. Pour atteindre un même but, les hommes de bonne volonté prennent avec un égal patriotisme les routes les plus opposées.

Les uns, sous le coup d'une exaltation généreuse, se cantonnent dans une inaction funeste et maudissent tout ce qui ne donne pas pleine satisfaction à leurs théories idéales. A force de vouloir être fermes, ils tombent dans l'exagération, parfois même dans l'entêtement.

Les autres, et le nombre en est grand, en proie au découragement, tiraillés entre deux extrêmes, ne sachant à quel saint vouer leur politique, n'ont pu résister aux promesses les plus trompeuses. A force de vouloir être modérés et conciliants, ils prêtent la main à tous les compromis et se sont faits les ouvriers de la République.

Au milieu d'une telle confusion d'idées, le devoir de condamner franchement les actes n'implique pas le droit de soupçonner les intentions. Il ne s'agit donc pas de récriminer. Mais il était nécessaire de signaler l'imprudence de certaines résolutions.

Après les concessions dans la théorie viendront fatalement les concessions dans la pratique; et, à moins d'un suprême effort, miracle de courage et d'énergie, la France se retrouvera bientôt à la merci de la Révolution. Il n'est que trop facile de prévoir comment les choses se passeront.

Si l'Assemblée se dissout promptement, les élections générales se feront comme le désirent les chefs de la gauche, sous l'impression de la victoire républicaine; le résultat ne peut être douteux. Malgré l'adjonction du Sénat, l'élément politique nouveau sera moins conservateur que l'élément actuel, et la politique révolutionnaire triomphera. Cela est de toute évidence.

Si au contraire l'Assemblée nationale, sous l'influence de craintes trop légitimes, garde le plus longtemps possible son mandat, sans doute la cause de l'ordre conservera d'éloquents défenseurs; mais, tout porte à croire qu'une nouvelle proposition de retour à Paris ne tardera pas à être présentée avec chance de succès.

Les journaux de la gauche entameront la campagne. Ils parleront des nécessités de ramener le gouvernement dans la capitale. Ils en parlent déjà d'une manière indirecte. Un de leurs correspondants les plus humoristiques, journaliste et député, déplorant les concessions faites le 25 février dernier par la gauche, les attribuait surtout à l'état de servitude dans lequel gémit le peuple de Paris. Aux yeux des vrais républicains, Paris n'est libre que lorsqu'il a la faculté de peser sur les débats des représentants de la nation et de culbuter le pouvoir !

Après avoir excité l'opinion dans le pays, des chefs habiles travailleront l'esprit de l'Assemblée au moyen des intrigues parlementaires habituelles.

L'œuvre ne sera pas laborieuse, le terrain est préparé, le centre gauche est acquis. Un des membres les plus importants de ce groupe a même donné, en 1872, sa démission de ministre de l'intérieur, parce que l'Assemblée lui avait refusé de revenir à Paris. De plus, toute une catégorie d'hommes attachés à la ville de Paris par des liens politiques ou professionnels se croient obligés de céder sur cette question au courant des préjugés. Ils ne peuvent pas ou ne veulent pas voir la vérité. Quand il s'agit de se prononcer, ils se prononcent pour le retour à Paris, ou ils s'abstiennent. C'est ainsi que la disposition constitutionnelle qui maintient le gouvernement à Versailles n'a obtenu que quatre ou cinq voix de majorité. Il suffit donc de convertir quelques hésitants pour détruire cette majorité.

Le centre gauche sera chargé, comme toujours, d'amener les conservateurs à composition.

« Vous craignez le retour à Paris, leur diront les plénipotentiaires de la Révolution. Vous avez bien tort. La décapitalisation de Paris est une mesure aussi nuisible aux intérêts privés qu'aux intérêts de l'Etat. C'est une mesure absolument réactionnaire dictée par une crainte aveugle. En revenant à Paris, le gouvernement donnera une preuve de confiance et de force qui produira un immense effet en France et à l'étranger. D'ailleurs, l'Assemblée n'aura rien à craindre dans la capitale; on prendra des précautions infaillibles pour la protéger. On l'isolera au moyen de zones très-ingénieuses gardées par des troupes. Enfin, il y aura de la cavalerie. Dans ces conditions, et en présence d'une demande aussi naturelle, vous n'allez pas rompre le faisceau des forces républicaines et détruire la majorité que nous avons si laborieusement constituée. Ce serait indigne de votre caractère et vous ne le ferez pas. »

Sans doute ces arguments ne détourneront pas les hommes fermes et convaincus. Mais ils pourront troubler les esprits hésitants.

« Évidemment, se diront ces derniers, mieux vaudrait rester à Versailles. Cependant, puisqu'on doit prendre tant de précautions pour protéger l'Assemblée, puisque la cavalerie est un remède souverain, eh bien! qu'on revienne à Paris. En acceptant cette mesure, nous donnerons une preuve nouvelle de notre esprit de conciliation et de patriotisme. D'ailleurs, en politique, il vaut mieux prendre une mauvaise mesure avec ensemble, que de résister au courant de l'opinion. »

Une fois la majorité trouvée, l'obstacle constitutionnel sera facile à tourner par une révision partielle.

Certains hommes, qui croient encore aux petits moyens, font observer que pour le moment, la constitution ne peut être revisée que sur la proposition du maréchal. Ils ajoutent que le maréchal ne consentirait pas à laisser changer le siége du gouvernement. Fasse le ciel qu'il en soit ainsi! Fasse le ciel que l'intrépide soldat, espoir suprême de la France, retrouve bientôt cet entêtement chevaleresque qui avait été jusqu'ici l'auréole de sa grande et loyale figure !

Malheureusement, il est permis de douter de cette réaction salutaire. Malheureusement, le héros légendaire de tant de combats est trop modeste, trop soumis, en politique.

Sous l'influence des habiles qui ont su lui imposer leurs conseils, non-seulement le maréchal, refoulant tous ses souvenirs de famille, tous ses sentiments personnels, s'est résigné à la République, il a même fini par en solliciter instamment l'organisation.

Qu'une majorité se forme pour le retour à Paris, et vraisemblablement il se trouvera des politiques qui conseilleront au maréchal de ne pas user de sa prérogative constitutionnelle contre les vœux de l'Assemblée.

Le retour à Paris exciterait un immense enthousiasme dans le camp radical. Non contents d'avoir ramené le gouvernement sous la main de la Révolution, les républicains triomphants chercheront à désorganiser le plus possible ses moyens de défense en s'attaquant à l'armée.

Cette seconde campagne paraît plus difficile.

Mais les chefs républicains ont un instinct qui les guide merveilleusement; ils mettent au service de l'erreur une adresse dont les honnêtes gens usent trop rarement pour défendre la vérité. Quand une politique franche et ouverte ne peut pas réussir, ils ont à leur service la politique des «*moyens détournés*». C'est cette dernière qu'ils emploieraient évidemment dans cette circonstance.

Les chefs du radicalisme seraient les premiers à couvrir de fleurs nos braves soldats; ils défendraient même avec empressement certaines mesures favorables à l'armée. Cette conduite cacherait un piége.

Les vrais républicains, il ne faut pas l'oublier, ont tous une haine profonde contre les armées régulières. Leur rêve, c'est la Garde nationale!

Dans la séance du 23 décembre 1867, un député de l'opposition, défendant devant le Corps législatif un amendement à la loi militaire [1], disait, au

[1] Cet amendement, véritable contre-projet au projet de loi relatif au recrutement de l'armée et de la garde nationale mobile, portait le numéro 10. Il était signé par MM. Jules Simon, Bethmont, Magnin, Hénon, E. Picard, Jules Favre. Il fut discuté avant l'article Ier du projet de loi, dans la séance du 23 septembre 1867. MM. Jules Simon, Jules Favre et Émile Ollivier défendirent leur amendement contre le maréchal Niel, ministre de la guerre, et

début de son discours : « J'ai si peu le dessein » d'affaiblir la portée de notre amendement en » vous le présentant sous son côté le plus accep- » table, que je le résume, dès à présent, par les » deux propositions suivantes :

» SUPPRIMER LES ARMÉES PERMANENTES ;

» ARMER LA NATION ENTIÈRE. »

Plus loin il ajoutait : « Au lieu d'une armée » imbue d'un esprit militaire, nous voulons avoir » une ARMÉE DE CITOYENS qui soit invincible chez » elle et hors d'état de porter la guerre au dehors. » Plus loin encore : « Vous n'avez pas d'autre moyen » de rassurer l'Europe que de SUPPRIMER ou de » diminuer considérablement votre armée. »

le général Lebreton, qui n'eurent pas de peine à en obtenir le rejet.

Dans le cours de cette discussion, M. Jules Favre disait : « Dimi- » nuez autant que possible les casernes et multipliez les arsenaux; » mais mettez à côté de LIBRES CITOYENS, et ceux-ci, lorsqu'ils seront » appelés à défendre une patrie aimée, SAURONT BIEN VERSER JUSQU'A LA » DERNIÈRE GOUTTE DE LEUR SANG POUR EMPÊCHER LE PASSAGE DE » L'ÉTRANGER. »

M. Émile Ollivier disait à son tour : « Est-ce le chiffre de l'armée » prussienne qui vous préoccupe? L'ARMÉE PRUSSIENNE EST UNE ARMÉE » ESSENTIELLEMENT DÉFENSIVE...., oui, défensive. Elle a pu, UNE FOIS, » entreprendre, en dehors de son territoire, une campagne comme » celle de 1866; mais si une victoire immédiate n'avait pas couronné » son audace, il est permis de douter qu'elle eût pu résister aux » longues, rudes et pénibles campagnes dans lesquelles, à côté des » victoires, on a des revers ou des succès douteux. »

Toutes ces paroles furent accueillies par les applaudissements des membres de la gauche. L'enthousiasme de l'opposition fut à son comble lorsqu'en terminant son discours, l'orateur s'écria :

« Nous demandons *avec la dernière énergie* qu'on » adopte notre contre-projet, car avec lui la France » sera invincible chez elle, à l'abri de l'invasion ; » elle n'aura à craindre ni ENVAHISSEURS au dehors, » ni PRÉTORIENS au dedans. Nous demandons que » LA NATION SOIT ARMÉE TOUT ENTIÈRE, que l'ARMÉE PER- » MANENTE SOIT A JAMAIS SUPPRIMÉE. »

Qui donc s'exprimait ainsi ? Était-ce un de ces démagogues à tous crins, effroi des républicains eux-mêmes. Non, c'était un des membres les plus modérés de l'opposition, M. Jules Simon.

Ce personnage, après avoir été ministre sous le gouvernement de la Défense, a été ministre aussi sous M. Thiers. Il est aujourd'hui membre du centre gauche et n'a renoncé à aucune de ses utopies républicaines. — Si les républicains modérés pensent ainsi, qu'on juge des idées des autres !

Rien n'est donc plus certain ; le parti tout entier attend l'occasion favorable pour manifester ses véritables sentiments. Ses membres n'oseront pas s'attaquer à l'armée proprement dite, mais ils commenceront leurs manœuvres à propos d'une de ces questions sur lesquelles les opinions n'étant pas encore faites, il leur sera plus facile de surprendre la bonne foi des conservateurs.

Une question de ce genre est précisément pendante en ce moment; une question de la plus haute gravité, la constitution de l'armée territoriale. Le sort de notre réorganisation militaire dépend de la manière dont ce problème sera résolu. Peut-être notre avenir politique en dépend-il aussi!

L'organisation d'une armée territoriale était commandée par les circonstances. La loi qui a réglé cette organisation était donc nécessaire et pleinement justifiée. Mais, pour éviter des illusions dangereuses, il est urgent de prévoir les difficultés certaines que l'application de cette loi rencontrera dans le pays.

Ces difficultés seront surtout sérieuses au début, pendant l'époque de transition, tant que les cadres ne seront pas exclusivement composés d'anciens officiers et sous-officiers de l'armée, continuant sans interruption la tradition militaire, tant que les rangs contiendront d'autres hommes que des soldats façonnés d'avance au métier des armes.

Or, l'époque de transition doit durer près de dix ans. On comprendra facilement quels malheurs pourraient arriver pendant une aussi longue période, si toutes les précautions nécessaires n'étaient pas bien prises.

Les législateurs ont fait tout ce qu'ils devaient faire. Ils ont déclaré, en tête de la loi sur l'armée territoriale, que cette armée dépendrait exclusivement du ministre de la guerre. C'est là un principe excellent dont l'importance est capitale, mais qui ne peut avoir d'efficacité complète, dans la pratique, que s'il est appuyé sur une sanction sérieuse. Le problème à résoudre peut donc se poser ainsi : Trouver le moyen de discipliner, sans les appeler sous les drapeaux, une masse d'hommes qui, pour la plupart, n'ont pas servi et ont pris les habitudes les plus indépendantes.

La solution de ce problème est difficile. Elle est subordonnée aux règlements qui seront imposés et surtout à la prudence qu'on mettra dans le choix des officiers. Si, à l'origine, on ne montre pas une sévérité inflexible, l'institution sera compromise. Tout dépend en un mot, du ministre de la guerre, et le ministre dépend lui-même du gouvernement.

Si le gouvernement chargé d'appliquer la loi dont il s'agit était un gouvernement de discipline et d'énergie, si c'était Mac Mahon *libre* enfin, sans nul doute le ministre aurait toute latitude pour choisir des officiers vraiment dignes de confiance et pour prendre les mesures nécessaires. Dès lors le but pourrait être atteint.

Mais le gouvernement que nous avons aujourd'hui est au contraire un gouvernement de compromis; c'est Mac Mahon emprisonné dans une constitution républicaine. Il est donc très à craindre que la loi sur l'armée territoriale soit appliquée dans notre pays sans la fermeté nécessaire pour prévenir les déviations possibles de l'institution.

A la faveur du régime de leur choix, les républicains essayeront sans cesse d'intervenir. Dissimulées à la tribune, leurs réclamations éclateront violemment dans la presse. On demandera compte au ministre de la nomination de tel officier et de l'échec de tel autre. On blâmera l'énergie excessive de telle mesure et la sévérité de tel règlement. On pèsera d'une façon désastreuse sur les décisions ministérielles, et l'esprit qui présidera à l'organisation de l'armée territoriale ne sera plus un esprit exclusivement militaire. La chose la plus grave, c'est que le ministre pourra être entraîné à nommer des officiers dangereux.

Sur ce point si important les républicains ont déjà montré leurs tendances ; ils ont posé en principe que l'admission des officiers dans l'armée territoriale ne devait dépendre que des examens. Ce principe est parfaitement juste pour introduire des jeunes gens de dix-huit à vingt ans dans une école militaire ; il est radicalement faux quand il s'agit de nommer des hommes faits aux différents grades d'officiers dans une portion de l'armée française.

L'armée est destinée à défendre l'ordre social en même temps que les frontières de la patrie. Pour obtenir dans son sein un poste d'honneur et de confiance, il faut donc d'autres conditions qu'un peu de science, d'autres garanties que la mémoire. Nul ne doit pouvoir prétendre à un grade dans l'armée territoriale, s'il n'est, avant tout et selon l'expression reçue, notoirement conservateur. Telle est en ce moment la qualité indispensable des officiers de nos réserves. Aucun autre mérite ne saurait remplacer celui-là.

D'ailleurs, dans l'armée active, ce n'est jamais par l'examen seul, mais à la suite d'investigations de toutes sortes, qu'un officier a l'honneur d'être porté sur le tableau d'avancement. On ne peut donc pas grader un citoyen dans l'armée territoriale, sans se préoccuper de sa situation civile, sans savoir s'il a des habitudes et des sentiments conformes à la mission si importante qu'on veut lui confier.

Le premier devoir du ministre qui nomme, c'est de connaître la valeur morale du candidat. Ce devoir est sacré.

Sous la République, les républicains chercheront évidemment à détourner le ministre de ce devoir. Ils l'entoureront de recommandations chaleureuses, de sollicitations de toutes sortes. Le ministre, quel qu'il soit, essayera certainement de résister ; mais sa résistance à des amis, à des soutiens politiques indispensables, ne pourra être absolue. Il se laissera entraîner, tromper même ; il finira par accorder des grades aux *importants* de la jeunesse radicale.

Faut-il demander maintenant ce que serait un

bataillon où les révolutionnaires d'une ville trouveraient à leur tête, pour les initier à la discipline et à l'obéissance militaires, les candidats ou les élus des clubs radicaux ? Faut-il demander ce que serait une armée où il y aurait de pareils bataillons ? Tout le monde a répondu : ce serait une GARDE NATIONALE.

Ce serait une Garde nationale plus dangereuse encore peut-être, dans un jour de crise, que l'ancienne et si funeste Garde nationale.

L'ancienne Garde nationale avait un uniforme à part, uniforme peu sympathique à l'armée ; elle a suffi néanmoins pour paralyser trop souvent l'action des troupes.

Les hommes de l'armée territoriale auront le pantalon rouge et l'uniforme de la ligne. En les voyant du côté de l'émeute, les soldats pourraient donc croire qu'un régiment a tourné, que deux portions de l'armée active sont engagées dans deux camps opposés et qu'on veut les faire tirer l'une sur l'autre, ce qui ne s'est jamais vu dans notre pays. Dès lors on comprend les conséquences qui en résulteraient. Toutes les précautions inscrites dans la loi seraient illusoires.

On a, sans nul doute, très-sagement agi en

décidant que les territoriaux de Paris par exemple, seraient répartis dans différents corps d'armée, et que les armes de cette troupe resteraient dans les magasins de l'État. Toutefois ces mesures sont insuffisantes. Elles ont une valeur plus apparente que réelle.

Aux jours des révolutions passées, ce n'est pas la force matérielle de la Garde nationale qui a fait reculer la troupe, c'est l'influence morale de cette intervention. Mal armés et même sans armes, des détachements de l'armée territoriale exerceraient une influence désastreuse en s'associant à l'insurrection. D'ailleurs, dans les temps d'agitation, par trahison ou par surprise, l'émeute trouve toujours des fusils.

Enfin les révolutions, dans notre pays, se font parfois à l'heure même de l'invasion. Le 4 septembre en est le triste exemple!

On ne contestera pas que si l'armée territoriale eût existé en 1870, elle eût été armée, équipée, et que le 4 septembre ses bataillons eussent remplacé dans la capitale et dans les autres villes les régiments envoyés à la frontière. En supposant donc ces réserves animées d'un mauvais esprit et surtout mal commandées, rien n'aurait pu paralyser leur action funeste.

Le danger qui naîtrait d'une mauvaise organisation de l'armée territoriale serait incalculable. Il paraît bien difficile d'éviter ce danger sous la République.

Si les formes du Pouvoir étaient aussi indifférentes qu'on se plaît à le dire, il n'y aurait pas lieu de s'inquiéter. Qu'importe en effet l'étiquette d'un gouvernement, si tous les gouvernements peuvent nous donner l'ordre, la stabilité, la justice !

Hélas ! il n'en est pas ainsi.

L'histoire nous apprend que chaque forme politique a des conséquences particulières, parce qu'elle repose sur une base qui lui est propre. Elle nous apprend que la République s'est toujours appuyée, dans notre pays, sur la Révolution, et qu'elle n'a jamais produit que le désordre d'abord, la servitude ensuite.

La République nouvelle, organisée le 25 février 1875, échappera-t-elle aux conditions fatales qui ont toujours pesé sur les autres Républiques? Telle est la question que se pose aujourd'hui la France, avec angoisse.

A cette question, par nécessité plus que par

conviction, les monarchistes résignés répondent : Oui.

Malgré toutes les précautions prises, l'histoire, c'est-à-dire l'expérience, répond : Non.

Nous verrons une fois de plus triompher la Révolution, parce que fatalement la République ramènera le gouvernement à Paris et rétablira la Garde nationale.

Après un nouveau règne de la populace, il nous faudra passer encore par le règne d'un César.

Dieu veuille que ces prévisions ne se réalisent pas ! Dieu veuille que la logique de l'avenir ne réponde pas à la logique du passé !

Jusqu'ici, notre pays n'a trouvé de grandeur et de prospérité durable que sous la Monarchie ; la République ne lui a jamais apporté que des désastres. Puisse Mac Mahon accomplir ce miracle, de relever la France avec un régime qui l'a toujours perdue !

Tel est le vœu d'un Français qui craint tout de la République, parce qu'il y a tout à craindre de la Révolution, mais qui aime trop passionnément son pays pour n'être pas heureux de le voir grand et prospère..... même sous la République !

APPENDICE

DOCUMENT N° 1.

Le décret ci-joint est une preuve officielle des illusions du temps.

Rien ne fut plus généreux que la pensée de la fête de la Fédération, rien aussi ne fut, hélas ! plus inutile.

Ce décret est suivi de la formule complète du serment fédératif prêté par La Fayette.

PROCLAMATION DU ROI.

Sur un Décret de l'Assemblée Nationale, relatif à la Fédération générale des Gardes nationales et des Troupes du Royaume.

Du 10 Juin 1790.

Vu par le Roi le Décret dont voici la teneur :

DÉCRET DE L'ASSEMBLÉE NATIONALE,

Des Mardi 8 *et Mercredi* 9 *Juin* 1790.

Du 8 Juin 1790.

L'ASSEMBLÉE NATIONALE a décrété et décrète ce qui suit :

ARTICLE PREMIER.

LE Directoire de chaque District du Royaume, et dans le cas où le Directoire ne serait pas encore en activité, le Corps municipal du chef-lieu de chaque District est commis par l'Assemblée Nationale à l'effet de requérir les Commandants de toutes les Gardes nationales du District, d'assembler lesdites Gardes, chacune dans son ressort. Lesdites Gardes ainsi assemblées choisiront six hommes sur cent, pour se réunir au jour fixé par le Directoire, ou par le Corps municipal requérant, dans la ville chef-lieu de District. Cette réunion de Députés choisira, en présence du Directoire ou du Corps municipal, dans la totalité des Gardes nationales du District, un homme par deux cents, qu'elle chargera de se rendre à Paris à la Fédération de toutes les Gardes nationales du Royaume, qui aura lieu le quatorze Juillet. Les Districts éloignés de la Capitale de plus de cent lieues auront la liberté de n'envoyer qu'un Député par quatre cents.

II

Le Directoire de chaque District, ou à son défaut, la Municipalité du chef-lieu de District, fixeront de la manière la plus économique la dépense à allouer aux Députés, pour le voyage et le retour, et cette dépense sera supportée par chaque District.

Du 9 Juin.

L'Assemblée Nationale a décrété et décrète que tous les Corps militaires, soit de terre, soit de mer, nationaux ou étrangers, députeront à la Fédération patriotique, conformément à ce qu'il sera réglé ci-après.

Chaque régiment d'Infanterie ou d'Artillerie députera l'Officier le plus ancien de service, les années de Soldat comptées, parmi ceux qui seront présents au Corps, le bas Officier le plus ancien de service parmi ceux qui sont présents au Corps, et les quatre Soldats les plus anciens de service, présents au Corps, et pris indistinctement parmi les Caporaux, Appointés, Grenadiers, Chasseurs, Fusiliers, Tambours et Musiciens du Régiment.

Le régiment du Roi et celui des Gardes-suisses, à raison de leur nombre, enverront une députation double de celle fixée pour les Régiments ordinaires.

Les bataillons de Chasseurs à pied députeront un Officier, un bas Officier et deux Chasseurs, conformément aux règles prescrites pour les régiments d'Infanterie.

Le Corps des ouvriers de l'Artillerie et celui des Mineurs députeront chacun un Officier, un bas Officier, et deux Soldats, comme pour les bataillons de Chasseurs à pied.

Les mêmes règles désignées ci-dessus seront observées pour tous les régiments de Cavalerie, Dragons, Chasseurs et Hussards, avec cette différence qu'ils ne députeront qu'un Officier, un bas Officier, et deux Cavaliers seulement. Le seul régiment des Carabiniers, double en nombre des régiments de Cavalerie ordinaire, aura une députation double de ces derniers.

Le corps royal du Génie députera le plus ancien Officier de chaque grade et à égalité d'ancienneté, le rang de promotion décidera.

La Maréchaussée sera représentée par les quatre plus anciens Officiers, les quatre plus anciens bas Officiers, et les douze plus anciens Cavaliers du Royaume.

La compagnie de la Connétablie sera représentée par le plus ancien individu de chaque grade, d'Officier, bas Officier et Cavalier.

Par égard pour de vieux Militaires qui ont bien mérité de la Patrie et qui ont acquis le droit de se livrer au repos, le Corps des Invalides sera représenté par les quatre plus anciens Officiers, les quatre plus anciens bas Officiers, et les douze plus anciens Soldats retirés à l'Hôtel royal des Invalides.

Les Commissaires des guerres seront représentés par un Commissaire-ordonnateur, un Commissaire ordinaire, et un Commissaire Élève le plus ancien de chacun de ces grades.

Le Corps des Lieutenants des Maréchaux de France sera représenté par le plus ancien d'entre eux.

Quant aux compagnies de la maison militaire du Roi, de celle des Frères de Sa Majesté et tous autres Corps militaires non-réunis, ils seront représentés chacun par le plus ancien de chaque grade.

En cas d'égalité de service, le plus ancien d'âge aura la préférence.

Les Maréchaux de France, les Lieutenants généraux, les Maréchaux de camp et les grades correspondants de la Marine députeront les deux plus anciens Officiers de chacun de ces différents grades.

L'Assemblée Nationale déclare qu'elle n'entend rien préjuger sur l'existence ou le rang des Corps militaires ci-dessus dénommés, et même de ceux qui ne le sont pas.

Dudit jour.

L'Assemblée Nationale a décrété et décrète sur les articles à elle proposés par son Comité de Marine, que le plus ancien des Vice-Amiraux, et les deux plus anciens Officiers de chaque grade, actuellement en service dans chacun des ports de Brest, Toulon, et Rochefort, seront députés au nom du Corps de la Marine, à la Confédération générale indiquée pour le quatorze Juillet.

Chacune des divisions du Corps royal des Canonniers-matelots, actuellement en service dans les ports de Brest, Toulon et Rochefort, députera le plus ancien des Officiers majors et Sous-lieutenants de la division, le plus ancien des bas Officiers et les quatre plus anciens Canonniers-matelots.

Les Ingénieurs, Constructeurs de la Marine, servant dans chaque port, députeront le plus ancien d'entre eux.

Les Maîtres de toute espèce, et Officiers mariniers entretenus dans chaque port, députeront le plus ancien de service d'entre eux, et l'ancienneté sera comptée par les services de mer.

Les deux plus anciens Élèves et les deux plus anciens Volontaires de la Marine seront députés par le Commandant dans chacun des ports de Brest, Toulon et Rochefort.

Les Commissaires généraux et ordinaires des ports et arsenaux et autres Corps servant dans chacun des ports de Brest, Toulon et Rochefort, députeront le plus ancien d'entre eux.

Dans tous les ports de mer, les Capitaines de Marine marchande pourront députer à la Fédération générale, le plus ancien d'entre eux.

Le Roi a sanctionné et sanctionne ledit Décret, pour être exécuté suivant sa forme et teneur. En conséquence, mande et ordonne aux Corps administratifs et Municipalités du Royaume, de le faire observer et exécuter par les Gardes nationales de leur ressort. Ordonne pareillement Sa Majesté à tous Commandants des Gardes nationales, et à tous Commandants des Corps militaires, soit de terre, soit de mer, Nationaux ou Étrangers, et aux Officiers de tous grades, de s'y conformer ponctuellement, et de veiller, en ce qui les concernera, à son exécution. FAIT à Paris, le dix Juin mil sept cent quatre-vingt-dix. *Signé* LOUIS. *Et plus bas,* par le ROI, DE SAINT-PRIEST.

Formule du Serment fédératif.

« Nous jurons d'être à jamais fidèles à la nation, à la loi et au roi, de maintenir de tout notre pouvoir la Constitution décrétée par l'Assemblée nationale et acceptée par le roi, de protéger conformément aux lois la sûreté des personnes et des propriétés, la circulation des grains et subsistances dans l'intérieur du royaume, la perception des contributions publiques, sous quelques formes qu'elles existent, de demeurer unis à tous les Français par les liens indissolubles de la Fraternité. »

DOCUMENT N° 2.

Avant de licencier la Garde nationale, la Restauration avait mis tout en œuvre pour se l'attacher.

Louis XVIII avait nommé dès 1814 son frère le comte d'Artois, colonel général des gardes nationales du royaume. Il voulut même, en 1816, accorder une faveur particulière à la Garde nationale de Paris. Il publia l'ordonnance suivante qui est une preuve singulièrement frappante des efforts impuissants des pouvoirs réguliers, pour se servir d'une institution fatalement révolutionnaire.

ORDONNANCE DU ROI.

Concernant la nouvelle Décoration spécialement et exclusivement affectée à la Garde nationale de Paris, et remplaçant la Fleur de lis qui lui avait été accordée par l'Ordonnance du 5 *août* 1814.

Au château des Tuileries, le 5 février 1816.

LOUIS, par la grâce de Dieu, ROI DE FRANCE ET DE NAVARRE, à tous ceux qui ces présentes verront, SALUT.

Touché des marques de fidélité et de dévouement qui nous ont été données par la garde nationale de notre bonne ville de Paris, et voulant, par un témoignage éclatant de notre satisfaction, perpétuer le souvenir de ces bons et loyaux services ;

De l'avis de notre bien-aimé frère MONSIEUR, comte d'Artois, colonel général des gardes nationales du royaume,

NOUS AVONS ORDONNÉ et ORDONNONS ce qui suit :

ART. 1er. La fleur de lis affectée à la garde nationale de notre bonne ville de Paris par notre ordonnance du 5 août 1814, sera remplacée par une décoration d'argent, émaillée en blanc et bleu, portant d'un côté notre effigie, et pour exergue ces mots : *Fidélité, Dévouement;* de l'autre, *la fleur de lis,* et en exergue, les dates, 12 *avril et* 3 *mai* 1814, 19 *mars et* 8 *juillet* 1815. Le ruban auquel cette décoration sera suspendue restera bleu et blanc; mais chaque liséré bleu sera d'une largeur égale au tiers de celle du ruban. Le tout conforme aux modèles joints à la présente ordonnance.

2. Ceux de nos fidèles sujets qui ont obtenu le brevet

constatant le droit de porter la décoration du lis affectée a la Garde nationale de Paris, ou ceux qui, sans avoir encore ce brevet, ont les qualités requises pour en faire la demande, seront seuls susceptibles d'obtenir, en ce moment, l'autorisation de porter la nouvelle décoration que nous instituons pour la Garde nationale de Paris, s'ils justifient,

1° Qu'ils sont porteurs dudit brevet, ou qu'ils sont dans le cas d'en faire la demande ;

2° Qu'ils ont l'uniforme, l'armement et l'équipement complets et en bon état ;

3° Qu'ils font leur service avec exactitude.

3. Le droit de porter ladite décoration se perdra par la radiation des contrôles dûment prononcée pour fait tendant à compromettre l'honneur de la garde nationale.

4. A l'avenir, ceux de nos sujets qui ne font point encore partie de la Garde nationale de Paris, ne seront susceptibles d'obtenir le droit de porter la nouvelle décoration qu'après deux années, au moins, d'un service exact et sans reproche dans ladite garde.

5. Pour récompenser d'une manière particulière ceux de nos fidèles sujets qui, dans la Garde nationale, auront montré le plus de zèle pour le service, ou donné des preuves signalées de dévouement, nous nous réservons de leur accorder le droit de porter ladite décoration en or, sur la demande qui nous en sera faite par notre bien-aimé frère, et sur la proposition du commandant en chef de ladite garde ; mais nul ne pourra l'obtenir sans avoir porté pendant un an, au moins, la nouvelle décoration en argent.

6. Les décoration et ruban spécifiés dans les articles précédents sont et demeurent spécialement et exclusive-

ment affectés à la Garde nationale de notre bonne ville de Paris.

Défenses sont faites à toute personne étrangère à ladite garde de prendre et porter lesdits ruban et décoration, sous les peines prononcées par les lois contre ceux qui prennent une décoration qu'ils n'ont pas le droit de porter.

Pareilles défenses sont faites, sous les mêmes peines, aux gardes nationaux qui n'auraient point obtenu l'autorisation de porter lesdits ruban et décoration, ou qui se trouveraient dans le cas prévu par l'article 3 de la présente ordonnance.

7. Les brevets pour la nouvelle décoration seront délivrés sur la proposition du commandant en chef de la garde nationale, par notre bien-aimé frère, en suivant les formes qu'il aura déterminées ; mais les brevets déjà délivrés en exécution de notre ordonnance du 5 août 1814 pourront en tenir lieu, lorsqu'ils auront été revisés par le conseil général des brevets et récompenses, et revêtus, par notre bien-aimé frère, de l'autorisation expresse de porter ladite décoration.

Donné à Paris, au château des Tuileries, l'an de grâce 1816, et de notre règne le vingt et unième.

Signé LOUIS.

Par le Roi :

Le Maréchal, Pair de France, Commandant en chef la Garde nationale de Paris,

Signé OUDINOT.

(*Ordre du jour du* 6 *Février* 1816.)

DOCUMENT N° 3.

Le 29 juillet 1830, La Fayette comprit que pour achever la Révolution et consommer la ruine de la monarchie légitime, la Garde nationale était nécessaire. Il s'empressa donc de la rétablir, de son autorité privée, par la proclamation suivante :

GARDE NATIONALE PARISIENNE.

La Garde nationale parisienne est rétablie. MM. les colonels et officiers sont invités à réorganiser immédiatement le service de la Garde nationale. Les gardes nationaux doivent être prêts à se réunir au premier coup de tambour. Provisoirement, ils sont invités à se réunir chez les officiers et sous-officiers de leurs anciennes compagnies.

Il s'agit de faire régner le bon ordre ; et la commission municipale de la ville de Paris compte sur le zèle ordinaire de la Garde nationale pour la liberté et l'ordre public.

MM. les colonels, ou, en leur absence, MM. les chefs de bataillon sont priés de se rendre de suite à l'Hôtel de ville pour y conférer sur les premières mesures à prendre dans l'intérêt du service.

Fait à l'Hôtel de ville, le 29 juillet 1830.

La Fayette.

DOCUMENT N° 4.

Les remercîments du Gouvernement provisoire de 1848 prouvent la part décisive prise par la Garde nationale à la révolution de février.

AU NOM DU PEUPLE FRANÇAIS.

A la Garde nationale.

Citoyens,

Votre attitude dans ces dernières et grandes journées a été telle qu'on devait l'attendre d'hommes exercés depuis longtemps aux luttes de la liberté.

Grâce à votre fraternelle union avec le peuple, avec les écoles, la révolution est accomplie !...

La patrie vous en sera reconnaissante.

Aujourd'hui tous les citoyens font partie de la Garde nationale ; tous doivent concourir activement avec le Gouvernement provisoire au triomphe régulier des libertés publiques.

Le Gouvernement provisoire compte sur votre zèle, sur votre dévouement à seconder ses efforts dans la mission difficile que le peuple lui a conférée.

Paris, le 24 février 1848.

Les membres du Gouvernement provisoire,

Signé DUPONT (de l'Eure), ARAGO, MARIE, LAMARTINE,
CRÉMIEUX, LEDRU-ROLLIN, GARNIER-PAGÈS.
LOUIS BLANC, ARM. MARRAST, FLOCON, ALBERT.

DOCUMENT N° 5.

Au 4 septembre 1870, comme au 24 février 1848, le gouvernement sorti de l'émeute remercie la Garde nationale de la part décisive qu'elle a prise à la révolution.

Officiel du 5 septembre 1870.

A LA GARDE NATIONALE.

Ceux auxquels votre patriotisme vient d'imposer la mission redoutable de défendre le pays vous remercient du fond du cœur de votre courageux dévouement.

C'est à votre résolution qu'est due la victoire civique rendant la liberté à la France.

Grâce à vous cette victoire n'a pas coûté une goutte de sang.

Le pouvoir personnel n'est plus.

La nation tout entière reprend ses droits et ses armes. Elle se lève prête à mourir pour la défense du sol. Vous lui avez rendu son âme, que le despotisme étouffait.

Vous maintiendrez avec fermeté l'exécution des lois, et, rivalisant avec notre noble armée, vous nous montrerez ensemble le chemin de la victoire.

Le Gouvernement de la défense nationale,

Emmanuel Arago, Crémieux, Jules Favre, Jules Ferry, Gambetta, Garnier-Pagès, Glais-Bizoin, Pelletan, Picard, Rochefort, Jules Simon, Général Trochu.

ÉLECTIONS DE LA GARDE NATIONALE.

A LA GARDE NATIONALE DE PARIS.

La République est proclamée.

La patrie est en danger.

Le nouveau gouvernement est avant tout un gouvernement de défense nationale.

Les gardes nationaux de Paris, c'est-à-dire tous les électeurs inscrits sur les listes électorales, sont convoqués pour le mardi 6 septembre, à midi, à l'effet de procéder à la nomination des sous-officiers et officiers, dans les mairies de leurs arrondissements respectifs.

Paris, le 5 septembre 1870.

Le membre du Gouvernement de la défense nationale, délégué au ministère de l'intérieur,

Léon GAMBETTA.

Ce qui caractérise la révolution du 4 septembre, c'est l'ordre absolu et l'unanime élan avec lesquels elle s'est accomplie.

La Garde nationale, à peine reconstituée, a montré l'admirable puissance dont elle est douée ; elle a du même coup sauvé l'honneur de la France et l'ordre de la cité.

Il ne s'est produit, dans ce grand mouvement, ni un désordre, ni une résistance. A deux heures du matin, la paix la plus profonde règne dans Paris.

Le Sénat et le Corps législatif sont vides ; les scellés sont apposés sur la salle des séances de la Chambre. Paris est calme sur tous les points.

DOCUMENT N° 6.

Les deux documents suivants prouvent la conduite inqualifiable des bataillons révolutionnaires pendant le siége. Ils montrent le courage si honorable avec lequel Clément Thomas a flétri cette conduite.

Officiel du dimanche 4 décembre 1870.

ORDRE.

Le général commandant supérieur a la douleur de porter les faits suivants à la connaissance de la Garde nationale.

Les quatre compagnies de guerre du 76e bataillon, sous les ordres du commandant Latappy, faisaient partie d'une colonne opérant dans la journée du 29 novembre aux alentours du fort de Rosny. Sur le point de rentrer à Paris, après avoir accompli sa mission, la colonne reçut l'ordre, que le commandant supérieur avait donné à son chef, de verser les cartouches reçues le matin dans les fourgons qui les avaient portées.

Au moment où chaque bataillon se mettait en mesure d'exécuter cet ordre, le lieutenant Montfilière, de la 2e compagnie du 76e bataillon, apostrophant son chef de bataillon et le menaçant de le faire arrêter et désarmer, excita vivement à la révolte les hommes placés sous ses ordres, et tenta de prendre le commandement du bataillon en l'engageant à ne pas rendre ses cartouches. Quelques hommes, égarés par les discours de cet officier, ont entouré le commandant Latappy, l'ont grossièrement insulté et menacé. Plein de sang-froid et de courage, le chef de bataillon a su dominer le tumulte, faire arrêter et désarmer le lieutenant Montfilière, rétablir le calme dans sa troupe, et obtenir l'exécution de l'ordre qui avait été donné.

Prenant en considération l'assurance qui lui était donnée par le commandant Latappy, que l'acte d'indiscipline dont se sont rendus coupables quelques hommes de son bataillon était exclusivement dû aux instigations du lieutenant Montfilière, le commandant supérieur veut bien ne pas rechercher les hommes qui l'ont commis, mais :

1° Pour les punir de cet acte inqualifiable ;

2° Pour faire sentir à la majorité du bataillon la faute qu'elle a commise en ne s'interposant pas immédiatement elle-même, et en ne contraignant pas au silence et au respect pour la discipline les hommes égarés qui compromettaient l'honneur du bataillon,

Il a décidé que les compagnies de guerre du 76e bataillon seraient privées, et l'ont été, de l'honneur de prendre part aux sorties qui ont eu lieu les 1er, 2 et 3 décembre.

Quant au lieutenant Montfilière, qui est en état d'arrestation, il sera conduit à la Conciergerie et traduit devant le conseil de guerre, sous les inculpations que fait ressortir le rapport dont il a été l'objet.

Le général commandant supérieur des Gardes nationales de la Seine,

Clément THOMAS.

DOCUMENT N° 7.

Officiel du mercredi 7 décembre 1870.

Le Gouvernement de la défense nationale,

Vu l'ordre du jour du général Clément Thomas, en date du 6 décembre 1870, signalant de nombreux actes d'indiscipline commis par le bataillon dit des tirailleurs de Belleville,

DÉCRÈTE :

ART. 1er. Le bataillon dit des tirailleurs de Belleville est dissous.

Les hommes appartenant à ce bataillon sont tenus de remettre leurs armes et leur équipement entre les mains du commandant de l'artillerie du 3e secteur, dans le délai de trois jours, sous peine d'être poursuivis comme détenteurs d'armes de guerre.

ART. 2. Les hommes ayant fait partie du bataillon dissous, qui méritent par leur conduite d'être maintenus dans la garde nationale, composeront le noyau d'un nouveau bataillon formé par les soins du général commandant supérieur.

Jules FAVRE, GARNIER-PAGÈS, Ernest PICARD, Jules FERRY, Emmanuel ARAGO, Jules SIMON, Eugène PELLETAN.

ORDRE DU JOUR.

Désirant satisfaire aux demandes réitérées du bataillon dit des *tirailleurs de Belleville* d'être employé aux opérations extérieures et de se mesurer avec l'ennemi, le commandant supérieur avait donné l'ordre de faire équiper ce bataillon un des premiers, et il l'a envoyé, le 25 novembre, occuper, à côté d'autres troupes, un poste d'honneur en avant de Créteil, à cent et quelques mètres des lignes prussiennes. Ce poste avait été occupé jusque-là avec le calme le plus parfait par une compagnie de ligne.

Des rumeurs fâcheuses sur la conduite des tirailleurs de Belleville étant parvenues, dans l'intervalle, au commandant supérieur, il a demandé, sur les faits, des rapports authentiques.

Dans un premier rapport en date du 28 novembre, le chef de bataillon Lampérière déclare qu'étant sorti le soir, à huit heures et demie, accompagné de l'adjudant-major Lallemant, il a fait une ronde dans la tranchée et recommandé à ses hommes de ne pas tirailler inutilement. La ronde terminée, il se retirait dans la direction de la ferme des Mèches, lorsqu'il entendit une vive fusillade et aperçut bientôt, fuyant à la débandade, une grande partie des 1re et 2e compagnies de son bataillon, de service à la tranchée. Ce ne fut qu'à grand'peine et à force d'énergie qu'il arrêta ses hommes et parvint à les ramener en partie à leur poste.

Cette honteuse échauffourée, provoquée d'après certains rapports par la fusillade intempestive des tirailleurs, coûta la vie à trois d'entre eux, plus trois blessés. Les hommes rejetèrent la cause de leur panique sur le capitaine Ballandier, qui aurait fui le premier en criant qu'ils étaient tournés.

Le lendemain, les tirailleurs de Belleville ont été ramenés en arrière des avant-postes et cantonnés sous le fort de Charenton.

Ordre leur ayant été donné plus tard de reprendre leur poste à la tranchée, ils s'y sont refusés et ne se sont décidés à s'y rendre postérieurement que sur de nouvelles injonctions.

Le 5, le colonel d'infanterie Le Mains, commandant la brigade, a adressé au commandant supérieur le rapport suivant :

« Mon général,

« J'ai l'honneur de vous demander, d'*urgence*, le rappel à Paris des tirailleurs de Belleville.

« Non-seulement leur présence ici n'est d'aucune utilité, mais elle pourrait occasionner un grave conflit avec les gardes nationaux du 147e (bataillon de la Villette), placé à côté d'eux.

« La haine entre ces deux bataillons est telle, qu'ils ont établi dans la tranchée une espèce de barricade qu'ils s'interdisent mutuellement de franchir. La présence de M. Flourens dans ce bataillon a amené de nouvelles difficultés, les officiers ne voulant pas le reconnaître pour chef.

« Ce matin, le rapport du commandant de l'aile droite m'informe qu'il a dû faire occuper et surveiller particulièrement la tranchée de droite, *les tirailleurs de Belleville ayant abandonné leur poste.*

« Dans les circonstances où nous nous trouvons, un conflit entre nos troupes serait désastreux.

« D'un autre côté, le mauvais exemple que donnent, à tous moments, les tirailleurs de Belleville est des plus fâcheux.

« Tels sont les motifs, mon général, qui me font vous demander leur *rappel immédiat à Paris.* »

Dans un rapport du 4 décembre, le commandant Lampérière déclare que, parti avec un effectif de 457 hommes, son bataillon est réduit aujourd'hui de 61 gardes, rentrés à Paris avec armes et bagages, sans permission.

« Ce bataillon, ajoute le commandant, par son indiscipline et les éléments qui le composent, est devenu complétement impossible. Indiscipline et incapacité dans une partie des officiers et des sous-officiers : voilà, mon général, les principales causes de notre désorganisation. Formé en dehors de toutes les lois qui régissent la Garde nationale, ce bataillon s'est montré indigne des priviléges qu'il a obtenus, et n'est qu'un mauvais exemple pour les troupes qui l'environnent. Ces hommes, pour la plupart, se sont refusés à prendre le service de la défense. Je demande donc que ce bataillon soit rappelé à Paris et dissous.

« De plus, j'ai l'honneur de vous adresser ma démission de chef de ce bataillon, ne pouvant, honnête homme, ancien sous-officier de l'armée, rester plus longtemps à la tête d'une troupe pareille. Je reprendrai mon fusil et rentrerai dans les rangs de la Garde nationale pour me purifier du trop long séjour que j'ai fait dans le bataillon des tirailleurs de Belleville.

« Une prompte résolution de votre part est nécessaire, mon général, car la moitié des hommes refuse de faire tout service. »

D'autres rapports, qu'il serait trop long de reproduire ici, établissent que le citoyen Flourens, révoqué du grade de commandant qu'il occupait dans le bataillon des tirailleurs de Belleville, est allé rejoindre ce bataillon dans ses cantonnements, a repris les insignes du grade qui lui a été retiré et tenté de reprendre aussi le commandement

Il résulte des documents qui précèdent : que deux compagnies du bataillon des tirailleurs de Belleville, de service dans les tranchées, ont pris lâchement la fuite devant le feu de l'ennemi ; que le bataillon a refusé de se rendre à son poste sur l'ordre qui lui a été donné, et que, s'y étant rendu plus tard, il l'a abandonné au milieu de la nuit.

Il résulte, de plus, que le citoyen Flourens s'est rendu coupable d'une usurpation d'insignes et de commandement militaires.

En présence de pareils faits que la Garde nationale tout entière répudie, le commandant supérieur propose :

1° La dissolution des tirailleurs de Belleville ;

2° Les 61 gardes de ce corps qui ont disparu seront traduits devant les conseils de guerre pour désertion en présence de l'ennemi, ainsi que l'aide-major Lemray (Alexis), parti le 28 pour conduire des blessés à l'ambulance et qui n'a plus reparu ;

3° Une enquête sera faite sur la conduite du capitaine Ballandier, pour apprécier si la même mesure ne lui sera pas appliquée ;

4° Le citoyen Flourens sera immédiatement arrêté et traduit en conseil de guerre pour les faits imputés à sa charge.

Un certain nombre d'hommes du bataillon ayant mérité par leur conduite de ne pas être confondus avec ceux que frappe cet ordre du jour, ils formeront le noyau d'organisation d'un nouveau bataillon.

Le général commandant supérieur des Gardes nationales de la Seine.

Clément Thomas.

Paris, le 6 décembre 1870.

6 décembre, 8 h. du soir.

P. S. Le commandant supérieur reçoit à l'instant même du commandant Lampérière un rapport lui déclarant que, le 5 au soir, il n'a pu réunir ses hommes pour le service de l'avancée, la plupart étant absents et le reste ayant refusé d'obéir. Parmi ceux-ci, quelques-uns donnent pour motif, « et ceux-là n'ont pas tort », dit le commandant, qu'ils ne peuvent aller à la tranchée avec des hommes dont les mœurs et l'honnêteté leur sont suspectes, et qu'ils demandent l'épuration du bataillon.

Le commandant ajoute que lui et le lientenant Launay ont été menacés de coups de fusil; que les actes d'insubordination envers les officiers et sous-officiers se renouvellent constamment, et que, malgré la plus grande surveillance, les vols de vivres se commettent d'homme à homme.

Ce rapport est visé et transmis par le lieutenant-colonel Le Mains, commandant supérieur de Créteil.

DOCUMENT N° 8.

Le comité central de la Garde nationale a été l'instigateur de l'insurrection du 18 mars.

Les germes du comité ont été jetés pendant le siége. Des bataillons de la Garde nationale avaient établi dans leur sein des comités dits de délégués, qui élevèrent la prétention de contrôler l'autorité supérieure. Le Gouvernement de la défense nationale supprima ces comités par le décret suivant; mais les conseils de famille furent tolérés, et les chefs de la démagogie n'en conservèrent pas moins, dans les mauvais bataillons, une influence occulte :

Officiel du dimanche 11 décembre 1870.

Le Gouvernement de la défense nationale,

Considérant que dans diverses compagnies des bataillons de la Garde nationale se sont établis des comités dits de délégués, qui élèvent la prétention de contrôler le commandement et de diriger l'administration ;

Considérant qu'aucune loi n'autorise la création de ces comités et que l'action qu'ils croient pouvoir exercer est nuisible aux intérêts du service et de la défense ;

Considérant toutefois qu'il peut y avoir utilité à maintenir et à régulariser une institution que l'usage seul avait fait naître dans les compagnies de la Garde nationale de la Seine, sous le nom de conseil de famille ;

Que ces conseils, exclusivement consacrés à la gestion des intérêts de la compagnie, entretiennent l'esprit de solidarité et de fraternité militaire, essentiel à ceux qui remplissent les mêmes devoirs et courent les mêmes dangers,

DÉCRÈTE :

Art. 1er. Les comités de délégués établis dans les compagnies et les bataillons de la Garde nationale sont dissous.

Art. 2. Il pourra être formé dans chaque compagnie un conseil de famille chargé de gérer les intérêts de la compagnie, de venir en aide aux gardes nationaux nécessiteux ou malades et de leurs familles, et de régler amiablement les difficultés qui pourraient s'élever entre les membres de la même compagnie.

Le conseil de famille surveillera le service de l'indemnité allouée aux gardes sédentaires qui la réclament; il transmettra ses observations au chef de bataillon, le tout sans préjudice des dispositions du décret du 14 octobre 1870.

Art. 3. Le conseil de famille se composera des officiers élus de la compagnie, du sergent-major, auxquels seront adjoints deux gardes nationaux nommés par la compagnie à la majorité des suffrages des gardes réunis sur la convocation des capitaines.

Art. 4. Les gardes ainsi élus le seront pour un an et pourront être réélus.

Ils pourront être révoqués comme les officiers eux-mêmes sur le rapport du capitaine.

Art. 5. Ils ne porteront aucun signe distinctif et n'exerceront aucune autorité.

Art. 6. Toute décision prise par le conseil de famille en dehors des attributions ci-dessus fixées pourra être annulée par le commandant supérieur sur le rapport du chef de bataillon.

Fait à Paris, le 10 décembre 1870.

Jules Favre, Jules Simon, Jules Ferry, Ernest Picard, Emmanuel Arago, Garnier-Pagès, Eugène Pelletan.

DOCUMENT N° 9.

Les documents 9, 10 et 11 complètent le triste tableau presenté dans les documents 6 et 7.

Officiel du mercredi 14 décembre 1870.

ORDRE DU JOUR.

Le commandant supérieur des Gardes nationales est informé, par un rapport de l'officier qui commande les avant-postes de Créteil, qu'une section de la 4e compagnie du 214e bataillon, détachée à ces avant-postes, s'est laissé entraîner, dans la nuit du 10 au 11 décembre, à une fausse alerte qui a presque dégénéré en panique. Après quelques coups de feu, cette troupe s'est précipitamment retirée en arrière du point qu'elle occupait aux avancées, et sur lequel a dû la ramener le capitaine de la compagnie.

La fermeté d'une troupe dépendant, en grande partie, de l'attitude et du sang-froid du chef qui la commande, le commandant supérieur ordonne qu'une enquête soit faite sur la conduite qu'a tenue, en cette circonstance, le lieutenant Fischer de la 4e compagnie du 214e bataillon.

Quant aux hommes sous les ordres de cet officier, comme ils n'ont donné lieu à aucune plainte contre la discipline et qu'ils ont réoccupé leur poste avec calme après cet incident, le commandant supérieur se bornera, pour cette fois, en ce qui les concerne, au blâme que leur inflige cet ordre du jour.

Il est d'autant plus pénible au commandant supérieur d'avoir à signaler de pareils faits, que les rapports qui lui parviennent sur la conduite, aux avant-postes, des nombreux bataillons qui les occupent, sont on ne peut plus satisfaisants.

Paris, le 13 décembre 1870.

Le général commandant supérieur des Gardes nationales,

Clément THOMAS.

DOCUMENT N° 10.

Le Gouvernement de la défense nationale,

Vu le rapport adressé au Gouverneur de Paris par le général commandant supérieur de la Garde nationale de la Seine,

DÉCRÈTE :

ART. 1er. Le bataillon dit des *Volontaires du* 147e est dissous.

ART. 2. Les hommes qui le composaient sont réincorporés dans les divers bataillons d'où ils sortent. Les chefs de ces bataillons sont investis du droit de les admettre ou de les refuser. Ils devront procéder au désarmement des hommes qu'ils refuseront.

ART. 3. Ces chefs de bataillon seront comptables des objets d'équipement et de campement des gardes réintégrés dans leurs bataillons, et ils exigeront la rentrée en magasin de ceux délivrés aux hommes qu'ils jugeront opportun de désarmer et de rayer définitivement.

ART. 4. Le ministre de l'intérieur et le général commandant supérieur de la Garde nationale sont chargés de l'exécution du présent décret.

Fait à Paris, le 14 décembre 1870.

Jules FAVRE, Jules FERRY, Ernest PICARD, GARNIER-PAGÈS, Jules SIMON, Eugène PELLETAN, Emmanuel ARAGO.

DOCUMENT N° 11.

Officiel du samedi 17 décembre 1870.

Le général commandant supérieur des Gardes nationales de la Seine vient d'adresser au Gouverneur de Paris le rapport suivant :

Paris, le 16 décembre 1870.

Monsieur le Gouverneur,

Le 200e bataillon est sorti aujourd'hui de Paris pour aller occuper les avant-postes de Créteil. Je reçois de M. le général commandant supérieur à Vincennes la dépêche suivante :

« Chef de bataillon du 200e ivre ! La moitié au moins des hommes ivres !! Impossible d'assurer le service avec eux. Obligation de faire relever leurs postes. Dans ces conditions, la Garde nationale est une fatigue et un danger de plus. »

J'ai l'honneur de vous demander la révocation du chef de bataillon Leblois, commandant le 200e bataillon.

Veuillez agréer, monsieur le Gouverneur, etc.

Clément THOMAS.

Approuvé :
Le gouverneur de Paris,
Général TROCHU.

DOCUMENT N° 12.

Pendant le siége, tout revers de nos armes était pour la démagogie une espérance de succès et une occasion de désordres.

Le 19 janvier eut lieu la funeste bataille de Buzenval. Aussitôt les agitateurs préparèrent une émeute. Les désordres signalés dans l'ordre du jour suivant précédèrent le coup de main du 22 janvier, qui avorta grâce à l'énergie des mobiles bretons.

Officiel du lundi 23 janvier 1871.

Le Gouvernement de la défense nationale vient d'adresser à la population de Paris la proclamation suivante :

Citoyens,

Un crime odieux vient d'être commis contre la Patrie et contre la République.

Il est l'œuvre d'un petit nombre d'hommes qui servent la cause de l'étranger.

Pendant que l'ennemi nous bombarde, ils ont fait couler le sang de la Garde nationale et de l'armée sur lesquelles ils ont tiré.

Que ce sang retombe sur ceux qui le répandent pour satisfaire leurs criminelles passions.

Le Gouvernement a le mandat de maintenir l'ordre, l'une de nos principales forces en face de la Prusse.

C'est la cité tout entière qui réclame la répression sévère de cet attentat audacieux et la ferme exécution des lois.

Le Gouvernement ne faillira pas à son devoir.

Paris, le 22 janvier 1871.

Les membres du Gouvernement de la défense nationale,

Général TROCHU, Jules FAVRE, Emmanuel ARAGO, Jules FERRY, GARNIER-PAGÈS, Eugène PELLETAN, Ernest PICARD, Jules SIMON.

Les ministres,

Général LE FLO, DORIAN, MAGNIN.

Les secrétaires du Gouvernement,

André LAVERTUJON, HÉROLD, DURIER, DRÉO.

L'appel suivant a été adressé dans la matinée, par le commandant supérieur des Gardes nationales de la Seine, aux troupes placées sous ses ordres.

Cette nuit, une poignée d'agitateurs a forcé la prison de

Mazas et délivré plusieurs prévenus, parmi lesquels M. Flourens.

Ces mêmes hommes ont tenté d'occuper la mairie du 20e arrondissement et d'y installer l'insurrection; votre commandant en chef compte sur votre patriotisme pour réprimer cette coupable sédition.

Il y va du salut de la cité.

Tandis que l'ennemi la bombarde, les factieux s'unissent à lui pour anéantir la défense.

Au nom du salut commun, au nom des lois, au nom du devoir sacré qui nous ordonne de nous unir tous pour défendre Paris, soyons prêts à en finir avec cette criminelle entreprise; qu'au premier appel la Garde nationale se lève tout entière, et les perturbateurs seront frappés d'impuissance.

Le commandant supérieur des Gardes nationales,
Clément THOMAS.

Approuvé :
Le ministre de l'intérieur par intérim,
Jules FAVRE.

Paris, le 22 janvier 1871.

DOCUMENT N° 13.

La Garde nationale avait débuté en 1789 par une lutte contre l'autorité, elle finit en 1871 dans une lutte contre la société et la patrie.

Le 18 mars 1871, aux acclamations des Prussiens, elle établit la Commune à Paris.

Le document suivant détermine, d'une manière officielle, la part prise par la Garde nationale au triomphe de la démagogie.

Officiel du dimanche 19 mars 1871.

Paris, le 18 mars 1871.

GARDES NATIONAUX DE PARIS.

Un comité prenant le nom de comité central, après s'être emparé d'un certain nombre de canons, a couvert Paris de barricades, et a pris possession pendant la nuit du ministère de la justice.

Il a tiré sur les défenseurs de l'ordre ; il a fait des prisonniers, il a assassiné de sang-froid le général Clément Thomas et un général de l'armée française, le général Lecomte.

Quels sont les membres de ce comité?

Personne à Paris ne les connaît ; leurs noms sont nouveaux pour tout le monde. Nul ne saurait même dire à quel parti ils appartiennent. Sont-ils communistes, ou bonapartistes, ou Prussiens? Sont-ils les agents d'une triple coalition ? Quels qu'ils soient, ce sont les ennemis de Paris qu'ils livrent au pillage, de la France qu'ils livrent aux Prussiens, de la République qu'ils livreront au despotisme. Les crimes abominables qu'ils ont commis ôtent toute excuse à ceux qui oseraient ou les suivre ou les subir.

Voulez-vous prendre la responsabilité de leurs assassinats et des ruines qu'ils vont accumuler? Alors, demeurez chez vous! Mais si vous avez souci de l'honneur et de vos intérêts les plus sacrés, ralliez-vous au Gouvernement de la République et à l'Assemblée nationale.

Paris, le 19 mars 1871.

Les ministres présents à Paris,

DUFAURE, Jules FAVRE, Ernest PICARD, Jules SIMON, Amiral POTHUAU, Général LE FLO.

Le Gouvernement, voulant éviter une collision, a usé de patience et de temporisation envers des hommes qu'il espérait par là ramener au bon sens et au devoir. Ces hommes, se plaçant en révolte ouverte contre la loi, s'étaient constitués en comité insurrectionnel, ordonnant à la Garde nationale de désobéir à ses chefs légitimes. C'est à leur action qu'a été due la résistance opposée à la reprise des canons que l'autorité militaire voulait replacer dans leurs arsenaux, sous la Garde de la garde nationale et de l'armée. La ville entière s'était émue de l'établissement de redoutes sur les hauteurs de Montmartre et des buttes Chaumont, et tout homme d'un peu de bon sens comprenait combien il était à la fois ridicule et criminel de déployer contre Paris cet attirail menaçant.

Tant qu'un pareil état de choses se prolongeait, la reprise du travail était impossible, la province s'éloignait de la capitale, et toute espérance de crédit et de prospérité était indéfiniment ajournée. Après avoir épuisé toutes les voies de conciliation, le Gouvernement a senti qu'il était de son devoir de faire respecter la loi et de rendre à la Garde nationale son autorité légale. Ce matin, à la pointe du jour, les hauteurs ont été enlevées, les canons allaient être reconduits aux arsenaux sous l'escorte de la troupe, lorsque des gardes nationaux armés et d'autres sans armes, excitant et entraînant la foule, se sont jetés sur nos soldats et leur ont arraché leurs armes. Plusieurs bataillons ont été cernés, d'autres forcés de se replier. A partir de ce moment, l'émeute a été maîtresse du terrain. Nous racontons plus bas comment ses criminels artisans ont mis en arrestation le général Lecomte et le général Clément Thomas qui se trouvaient dans la mêlée, et comment ces deux captifs ont été lâchement assassinés.

La journée s'est terminée dans le désordre sans que la Garde nationale, convoquée cependant dès le matin par le rappel, parût en nombre suffisant pour le réprimer sur le théâtre où il se développait. Ce soir, l'insurrection a envahi l'état-major de la Garde nationale et le ministère de la justice. On se demande avec une douloureuse stupeur quel peut être le but de ce coupable attentat; des malveillants n'ont pas craint de répandre le bruit que le Gouvernement préparait un coup d'État, que plusieurs républicains étaient arrêtés. Ce sont d'odieuses calomnies. Le Gouvernement, issu d'une Assemblée nommée par le suffrage universel, a plusieurs fois déclaré qu'il voulait fonder la République. Ceux qui veulent la renverser sont les hommes de désordre, les assassins qui ne craignent pas de semer l'épouvante et la mort dans une cité qui ne peut se sauver que par le calme, le travail, le respect des lois. Ces hommes ne peuvent être que les stipendiés de l'ennemi ou du despotisme. Leurs crimes, nous l'espérons, soulèveront la juste indignation de la population de Paris, qui sera debout pour leur infliger le châtiment qu'ils méritent.

Ce matin, vers midi, le général Lecomte, séparé de ses troupes, a été amené par une bande de forcenés rue des Rosiers, à Montmartre, devant quelques individus prenant le titre de comité central. Des cris « A mort! » se faisaient entendre. Le général Clément Thomas, survenu peu de temps après, en habit de ville, a été reconnu. Un des assistants s'est écrié : « C'est le général Clément Thomas, son affaire est faite! » Le général Lecomte et le général Clément Thomas ont été poussés dans un jardin, suivis par une centaine d'hommes. Ils ont été attachés et fusillés. Leur cadavres ont été mutilés à coups de baïonnette.

Ce crime épouvantable, accompli sous les yeux du comité central, donne la mesure des horreurs dont Paris est menacé, si les sauvages agitateurs qui troublent la cité et déshonorent la France pouvaient triompher.

Les deux aides de camp du général Lecomte allaient subir le même sort que leur général, quand ils ont été sauvés par l'intervention d'un jeune homme de dix-sept ans, qui s'est écrié que ce qui se passait était horrible; qu'après tout, on ne connaissait pas ceux qui prononçaient ces condamnations à mort. Il a réussi à faire épargner les deux jeunes officiers, menacés d'une mort affreuse.

Que la population de Paris, si indulgente jusqu'ici pour les fauteurs de désordres, comprenne enfin qu'elle doit se montrer énergique contre de pareils forfaits, sous peine d'en être complice!

A LA GARDE NATIONALE DE LA SEINE

Le Gouvernement vous appelle à défendre votre cité, vos foyers, vos familles, vos propriétés.

Quelques hommes égarés, se mettant au-dessus des lois, n'obéissant qu'à des chefs occultes, dirigent contre Paris les canons qui avaient été soustraits aux Prussiens.

Ils résistent par la force à la Garde nationale et à l'armée.

Voulez-vous le souffrir?

Voulez-vous, sous les yeux de l'étranger, prêt à profiter de nos discordes, abandonner Paris à la sédition?

Si vous ne l'étouffez pas dans son germe, c'en est fait de la République et peut-être de la France!

Vous avez leur sort entre vos mains.

Le Gouvernement a voulu que vos armes vous fussent laissées.

Saisissez-les avec résolution pour rétablir le régime des lois, sauver la République de l'anarchie, qui serait sa perte; groupez-vous autour de vos chefs : c'est le seul moyen d'échapper à la ruine et à la domination de l'étranger.

Paris, le 18 mars 1871.

Le ministre de l'intérieur,
Ernest PICARD.

Le général commandant en chef les Gardes nationales de la Seine,
D'AURELLE.

TABLE DES MATIÈRES

PARIS. — TYPOGRAPHIE DE E. PLON ET Cie, RUE GARANCIÈRE, 8.

www.ingramcontent.com/pod-product-compliance
Ingram Content Group UK Ltd.
Pitfield, Milton Keynes, MK11 3LW, UK
UKHW012021240726
13965UKWH00002B/497